55

Coleção
LEIS ESPECIAIS
para **concursos**

Dicas para realização de provas com questões de concursos
e jurisprudência do STF e STJ inseridas artigo por artigo

Coordenação:
LEONARDO GARCIA

ARBITRAGEM E MEDIAÇÃO

Leis 9.307/1996 e 13.140/2015

55

Coleção

LEIS ESPECIAIS

para **concursos**

Dicas para realização de provas com questões de concursos e jurisprudência do STF e STJ inseridas artigo por artigo

Coordenação:

LEONARDO GARCIA

MARCO ANTÔNIO RIBEIRO TURA

ARBITRAGEM E MEDIAÇÃO

Leis 9.307/1996 e 13.140/2015

2019

EDITORA *Jus*PODIVM

www.editorajuspodivm.com.br

EDITORA
*Jus*PODIVM
www.editorajuspodivm.com.br

Rua Território Rio Branco, 87 – Pituba – CEP: 41830-530 – Salvador – Bahia
Tel: (71) 3045.9051
• Contato: https://www.editorajuspodivm.com.br/sac

Diagramação: Luiz Fernando Romeu *(lfnando_38@hotmail.com)*

Capa: Ana Caquetti

A664 Arbitragem e mediação / Marco Antônio Ribeiro Tura -- São Paulo: Editora JusPodivm, 2019.
192 p. (Leis Especiais para Concursos, v.55/ coordenador Leonardo de Medeiros Garcia)

Bibliografia.
ISBN 978-85-442-2751-0.

1. Arbitragem. 2.Mediação. I. Garcia, Leonardo de Medeiros. II. Tura, Marco Antônio Ribeiro da. III. Título.

CDD 342.664

Agradecimentos

Ao escrever, em regra, estamos sobre os ombros de muitas pessoas que, com seu trabalho ou com seu carinho, nos permitem ir adiante.

Esta obra não escapa à regra!

Queria eu ter espaço para todos os agradecimentos às pessoas que, de um modo ou de outro, deram-me as condições para escrevê-la.

Espaço, porém, é artigo de luxo em obra para concursos públicos.

Assim, limito-me a agradecer à minha filha, Maria Isabela, e à minha mulher, Déborah, pelo carinho com que me presenteiam todos os dias; e aos amigos Emílio Mendonça Dias da Silva, Danilo Vieira Vilela e Joaquim de Paiva Muniz, com quem tive a alegria de dialogar sobre os temas do livro, aprendendo sempre mais do que ensinando.

Proposta da Coleção *Leis Especiais para Concursos*

A coleção *Leis Especiais para Concursos* tem como objetivo preparar os candidatos para os principais certames do país.

Pela experiência adquirida ao longo dos anos, dando aulas nos principais cursos preparatórios do país, percebi que a grande maioria dos candidatos lê apenas as leis especiais, deixando os manuais para as matérias mais cobradas, como constitucional, administrativo, processo civil, civil, etc. Isso ocorre pela falta de tempo do candidato ou porque faltam no mercado livros específicos (para concursos) em relação a tais leis.

Nesse sentido, a Coleção *Leis Especiais para Concursos* tem a intenção de suprir uma lacuna no mercado, preparando os candidatos para questões relacionadas às leis específicas, que vêm sendo cada vez mais contempladas nos editais.

Em vez de somente ler a lei seca, o candidato terá dicas específicas de concursos em cada artigo (ou capítulo ou título da lei), questões de concursos mostrando o que os examinadores estão exigindo sobre cada tema e, sobretudo, os posicionamentos do STF, STJ e TST (principalmente aqueles publicados nos informativos de jurisprudência). As instituições que organizam os principais concursos utilizam os informativos e as notícias (publicados na página virtual de cada tribunal) para elaborar as questões de concursos. Por isso, a necessidade de se conhecer (e bem!) a jurisprudência dos tribunais superiores.

Assim, o que se pretende com a presente coleção é preparar o leitor, de modo rápido, prático e objetivo, para enfrentar as questões de prova envolvendo as leis específicas.

Boa sorte!

Leonardo Garcia
Coordenador da coleção
www.leonardogarcia.com.br
Instagram: @professorleonardogarcia

Apresentação

Atendendo a honroso convite feito pela Editora JusPodivm, elaborei este volume da coleção "Leis Especiais", em que abordo as duas normas federais de maior relevância para a solução adequada de litígios no Brasil, a saber: a lei da arbitragem (lei nº 9.307, de 23 de setembro de 1996) e a lei da mediação (lei nº 13.140, de 26 de junho de 2015).

Entre a promulgação de ambas as leis quase vinte anos se passaram.

A distância cronológica entre os atos de inauguração normativa, todavia, é o que menos importa quando se constata que a diversidade dos pressupostos filosóficos e sociológicos de ambas é precisamente o que, nestes tempos de aprofundamento e aceleração de uma viragem paradigmática, com certa estranheza, aquilo que aproxima ambos os meios de resolução de litígios.

Com efeito, enquanto as origens da arbitragem encontram-se no remoto passado, as da mediação observam-se mais recentemente. Além disso, uma e outra possuem seus comuns fundamentos de legitimação, que se assenta na vontade das partes, variando, todavia, quanto ao momento e quanto ao alcance de sua manifestação.

Embora sempre possível a composição voluntária, certo é que a vontade das partes, essencial para a previsão da arbitragem, dá espaço para a imposição de uma decisão vinculante, obrigatória; algo cuja ocorrência é inconcebível na mediação, que, embora tenha o elemento volitivo na raiz de sua causa, como igualmente o tem a arbitragem, diversamente daquela, tem-no também na base de seus efeitos.

A diversidade nas origens históricas e a distinção de técnicas de superação do conflito que são adotadas na arbitragem e na mediação podem sugerir um paradoxo ao se observar o entrelaçamento de ambas.

Todavia, o paradoxo é meramente aparente.

As profundas transformações socioeconômicas pelas quais passa nosso mundo desde há muito, mas especialmente a partir de fins dos anos oitenta, trouxeram consigo o contraste à supremacia estatal, cujo poder mostrou-se inapto para a superação da ineficiência administrativa e da ineficácia decisória, ensejando movimentos de desestatização e, no limite, de desjudicialização.

Nas democracias liberais, o súdito deixa de ser objeto do poder para assumir a condição de cidadão, o seu sujeito, ainda que inicialmente passivo.

Nas democracias sociais, por seu turno, o cidadão torna-se ativo e agrega a qualidade de usuário.

Este, o cidadão-usuário, então, destinatário de normas e atos administrativos e beneficiário de serviços, obras e bens públicos, portador de um amplo catálogo de direitos e reclamando constante acesso aos meios de sua realização, amplia ainda mais as dificuldades de atendimento de demandas pelos poderes políticos em sua formatação tradicional, pensados para tempos diversos.

Repelindo a ideia de favor estatal, o cidadão exige qualidade no desempenho das atividades administrativas e passa a pressionar as instituições que mais proximidade guardam relação no cotidiano porque de alguma forma com presenças mais sensíveis nas relações individuais, familiares e empresariais.

De todo incompatível com esse reclamo social a permanência da figura de um órgão que, embora afastado da realidade vivencial, tenha o poder de decidir acerca de todos, de tudo e em quaisquer das dimensões mais específicas, mais variadas e mais dinâmicas.

Percebe-se que a exigibilidade de direitos demanda a necessidade de cumprimento de deveres não apenas no âmbito do setor público como também no âmbito do setor privado.

Nesse contexto, o surgimento da mediação e o ressurgimento da arbitragem são traduções da movimentação social no sentido de recuperar a tarefa de resolver seus litígios, tarefa formalmente subtraída com a afirmação discursiva do poder estatal de base territorial-nacional com a modernidade e que, na pós-modernidade, vem sofrendo ataques com fortes negações teóricas e práticas.

O monopólio dos legisladores sobre a produção normativa e o monopólio dos juristas sobre a sua concretização, como não poderia deixar de ser, também experimentam crises das quais só se extrai a constatação evidente da necessidade de reinvenção.

A lei passa a conter cláusulas gerais, abertas, baseadas em princípios, valores ou objetivos. O jurista passa a se comunicar de maneira mais horizontal com os economistas, sociólogos, psicólogos.

A superação do conflito torna-se menos uma questão de correta interpretação do direito e mais uma questão de adequada compreensão do caso e de razoável duração do processo.

A permanência do poder estatal exige, portanto, sua adaptação, que se opera no plano das fórmulas e no plano das práticas.

Disso vem a elaboração de leis que deem conta das transformações ocorridas nas estruturas políticas, econômicas e culturais e implementem condições suficientes para a atuação **não somente** legalmente legítima, mas economicamente eficiente e socialmente eficaz; potencialidades demonstradas, em meu sentir, pelas leis ora sob comento.

Peço que o leitor tenha em mente esse cenário e se imbua desse espírito.

Ao elaborar o livro, eu assim o fiz.

O Autor

Como as Leis de Arbitragem e Mediação são cobradas em concursos públicos?

Sendo uma coleção voltada aos concursos públicos, de rigor a observação acerca do que e como o conteúdo da disciplina dos métodos de solução de litígios estava a ser exigido nas provas.

Foram selecionadas as mais significativas dentre 543 questões cobradas nos últimos anos em concursos de todo o Brasil, das mais às menos conhecidas organizadoras e dos menores aos maiores órgãos e entes contratantes.

Feita a análise panorâmica do conjunto das provas, constatei que a incidência das questões sobre mediação e arbitragem comprovava as hipóteses formuladas.

De fato, a grande maioria das questões (cerca de setenta por cento) aparece em concursos para empresas estatais (exploradoras de atividades econômicas), serventias extrajudiciais (notas e registro), órgãos fiscais e judiciais dos governos municipais, estaduais e federais, especialmente nos concursos para tribunais e procuradorias.

Curiosamente, destaca-se a presença de questões conceituais sobre a arbitragem e a mediação e seus instrumentos nas provas dos certames para o preenchimento das funções de psicólogo, administrador e assistente social, ao passo que nos certames para o preenchimento de funções de advogado, juiz, promotor, procurador, defensor e delegado as questões conceituais são em menor número e bem maior é a quantidade de questões envolvendo a aplicação, não raras vezes literal, das leis respectivas, da lei processual, da lei civil e de certas leis administrativas.

Ao longo da obra, teço comentários sobre os dispositivos legais, artigo por artigo, mencionando a jurisprudência mais importante, sintetizando o seu núcleo relevante para boa compreensão da matéria e para uma segura capacidade responsiva, encerrando com a apresentação de questões que exemplifiquem a maneira com que surgem nas provas.

Espero que este livro contribua para seu sucesso nos concursos que estão por vir e, quem sabe, abra a janela para um novo campo de trabalho.

Sobre o Autor

- Pós-Doutor em Direito Político e Econômico pela Universidade Presbiteriana Mackenzie de São Paulo.
- Doutor em Direito Internacional e Integração Econômica pela Universidade do Estado do Rio de Janeiro.
- Mestre em Instituições Jurídico-Políticas pela Universidade Federal de Santa Catarina.
- Bacharel em Direito pela Pontifícia Universidade Católica de São Paulo, com habilitação em Direito Econômico, em Direito Internacional Público e em Direito do Comércio Internacional.
- Certificado em Mediação e Arbitragem pela Fundação Getúlio Vargas do Rio de Janeiro.
- Diplomado em Metodologia e Didática do Ensino Jurídico pela Fundação Getúlio Vargas de São Paulo.
- Representante do Brasil no Comitê Global sobre Estado de Direito e Direito do Investimento Internacional da International Law Association.
- Pesquisador do Grupo de Pesquisas sobre Estado e Economia do Programa de Pós-Graduação em Direito Político e Econômico da Faculdade de Direito da Universidade Presbiteriana Mackenzie de São Paulo.
- Pesquisador do Grupo de Pesquisas sobre Direito, Cidadania e Desenvolvimento Sustentável da Faculdade de Direito da Universidade Federal de Mato Grosso do Sul.
- Fundador e presidente do Conselho de Administração do Grupo Caraíve de Relações Internacionais e Políticas Públicas, mantenedor do Centro Brasileiro de Litígios Econômicos e do Núcleo de Estudos sobre a Economia Global.

- Membro fundador do Instituto Brasileiro de Direito do Mar.
- Membro da Associação Brasileira de Direito Marítimo.
- Membro do Centro Brasileiro de Relações Internacionais.
- Membro da Sociedade Brasileira para o Progresso da Ciência.
- Membro da Comissão Especial de Direito Marítimo e Portuário da Ordem dos Advogados do Brasil no Estado de São Paulo.
- Membro das Comissões de Mediação e de Arbitragem e de Direito e Prática Comercial e dos Grupos de Trabalho sobre Cumprimento de Sentenças Estrangeiras e de Contratos com o Estado da International Chamber of Commerce no Brasil.
- Membro da Câmara Brasileira de Mediação e Arbitragem Empresarial (São Paulo).
- Membro da Câmara de Mediação e Arbitragem do Brasil (Itajaí).
- Árbitro da Competição Internacional de Arbitragem de Investimentos (Washington College of Law - American University).
- Tabelião de Notas e de Protesto de Letras e Títulos no Estado de São Paulo.
- Professor e pesquisador da Escola Superior do Ministério Público da União (2007-2017).
- Coordenador do Grupo de Pesquisa em Regulação de Mercados e Políticas Setoriais do Programa de Pesquisa em Finanças Públicas da Escola de Administração Fazendária (2015-2016).
- Fundador e presidente da Câmara de Mediação de Conflitos Coletivos de Trabalho na Administração Pública do Alto Tietê (2007-2013).
- Professor Titular de Direito Público e Privado e de Direito Internacional Público e Privado do Curso de Relações Internacionais da Faculdade Municipal de Ciências Econômicas e Administrativas de Santo André (2004-2012).

- Professor Visitante de Direitos Fundamentais e Finanças Públicas da Universidade de São Paulo (2009).
- Professor Assistente de Introdução, Sociologia e Filosofia do Direito da Universidade Federal de Juiz de Fora (2002-2004).
- Membro Vitalício do Ministério Público da União (2005-2017).
- Procurador Titular do 1º Ofício de Mogi das Cruzes, do 45º Ofício de São Paulo e do 1º de Guarulhos, da Procuradoria Regional do Trabalho no Estado de São Paulo - 2ª Região (2007-2017).
- Coordenador Titular do Primeiro Grau de Jurisdição da Procuradoria Regional do Trabalho no Estado de São Paulo (2015).
- Membro Auxiliar da Corregedoria Geral do Ministério Público do Trabalho (2013-2015).
- Membro Titular da Comissão Permanente de Acompanhamento de Estágio Probatório do Ministério Público do Trabalho (2014-2015).
- Membro Titular da Coordenadoria Nacional de Combate às Irregularidades Trabalhistas na Administração Pública da Procuradoria Geral do Ministério Público do Trabalho (2013-2014).
- Coordenador Regional de Combate às Irregularidades Trabalhistas na Administração Pública do Ministério Público do Trabalho no Estado de São Paulo (2013-2014).
- Membro Titular do Comitê Estadual do Fórum Nacional de Precatórios do Conselho Nacional de Justiça (2013-2014).
- Coordenador Titular da Procuradoria do Trabalho no Município de Mogi das Cruzes (2007-2013).
- Membro Titular do Núcleo de Estudos para Apoio às Decisões da Câmara de Coordenação e Revisão da Procuradoria Geral do Ministério Público do Trabalho (2006-2009).
- Procurador do Ministério Público da União junto ao Tribunal Regional do Trabalho da 15ª Região (2005).

- Procurador Titular do Núcleo de Promoção da Moralidade Administrativa da Procuradoria Regional do Trabalho da 15ª Região (2006).

- Presidente da Associação Americana de Juristas no Estado de São Paulo (2000-2005).

- Membro da Comissão Permanente de Direito Comunitário do Instituto dos Advogados Brasileiros (2000-2005).

- Membro da Comissão Especial para a Reforma do Poder Judiciário da Ordem dos Advogados do Brasil no Estado de São Paulo (2000-2005).

- Advogado e consultor jurídico e educacional em São Paulo, em Minas Gerais e no Rio de Janeiro (1995-2005).

- Conselheiro da Universidade Federal de Santa Catarina (1996).

- Pesquisador da Nederlandse Organisatie voor Internationale Ontwikkelingssamenwerking e da Evangelische Zentralstelle für Entwicklungshilfe E. V. (1992-1994).

- Mencionado nas bibliotecas das Universidades de Berkeley, Stanford e Sussex e citado há anos no CPC de Theotonio Negrão com o primeiro parecer sobre execução extrajudicial por agente fiduciário.

- Autor de diversos trabalhos, destacando-se o livro "Agências Reguladoras no Brasil" e do capítulo sobre "Arbitragem de Investimentos Estrangeiros" do livro "Arbitragem e Administração Pública: temas polêmicos".

- Autor do verbete sobre o Alto Comissariado das Nações Unidas para os Refugiados constante da Enciclopédia Luso-Brasileira de Direito Internacional (prelo).

Sumário

Lista de Abreviaturas

ACO. – Ação Cível Originária.

ADI. – Ação Direta de Inconstitucionalidade.

AgCC. – Agravo em Conflito de Competência.

AgIntAREsp. – Agravo Interno em Agravo em Recurso Especial.

AgRg. – Agravo Regimental.

AI. – Agravo de Instrumento.

ARE. – Agravo em Recurso Extraordinário.

AREsp. – Agravo em Recurso Especial.

SE. – Sentença Estrangeira.

CC. – Código Civil.

CDC. – Código de Defesa do Consumidor.

CF. – Constituição da República Federativa do Brasil.

CLT. – Consolidação das Leis do Trabalho.

CNI. – Convenção de Nova Iorque.

CNJ. – Conselho Nacional de Justiça.

CP. – Código Penal.

CPC. – Código de Processo Civil.

CTN. – Código Tributário Nacional.

DESIS. – Desistência.

EDcl. – Embargos de Declaração.

EDivREsp. – Embargos de Divergência em Recurso Especial.

LINDB. – Lei de Introdução às Normas do Direito Brasileiro.

LSA. – Lei das Sociedades Anônimas.

MC. – Medida Cautelar.

MS. – Mandado de Segurança.

RE. – Recurso Extraordinário.

REsp. – Recurso Especial.

RISTJ. – Regimento Interno do Superior Tribunal de Justiça.

RR. – Recurso de Revista.

S. – Súmula.

SEC. – Sentença Estrangeira Contestada.

STF. – Supremo Tribunal Federal.

STJ. – Superior Tribunal de Justiça.

TP. – Tutela Provisória.

TST. – Tribunal Superior do Trabalho.

Lei nº 9.307, de 23 de setembro de 1996 – Arbitragem

O PRESIDENTE DA REPÚBLICA

Faço saber que o Congresso Nacional decreta e eu sanciono a seguinte Lei:

Capítulo I
Disposições Gerais

Art. 1º – As **pessoas capazes de contratar** poderão valer-se da **arbitragem** para dirimir litígios relativos a **direitos patrimoniais disponíveis.**

§ 1º A **administração pública** direta e indireta **poderá utilizar-se da arbitragem** para dirimir conflitos relativos a direitos patrimoniais disponíveis.

§ 2º A autoridade ou o órgão **competente** da administração pública direta para a **celebração de convenção de arbitragem** é a mesma para a realização de acordos ou transações.

1. Conceito, características e natureza da arbitragem

Esta lei regula a arbitragem, entendida como um meio heterocompositivo extraestatal previsto voluntariamente pelas partes para a solução de litígios através de decisão imposta por terceiro imparcial.

As características contidas no conceito permitem afastar a jurisdição arbitral dos demais meios de solução de litígios.

Na autotutela há exercício potencial ou efetivo da violência.

Na negociação, a presença de terceiro não é essencial e, quando ocorre, dá-se como representante de uma das partes e, pois, como sujeito parcial.

Na mediação e na conciliação, o terceiro é essencial e imparcial, não impondo sua vontade, apenas facilitando a aproximação ou, quando muito, propondo uma solução.

Na jurisdição judicial, o poder impositivo decorre da soberania estatal e não da autonomia privada.

A jurisdição arbitral tem como causa a vontade das partes, mas não depende dela para seus efeitos, que se impõem obrigatoriamente, por força do reconhecimento legal.

Assim, vista pelo ângulo da causa, a arbitragem tem natureza contratual e, vista pelo ângulo dos efeitos, a arbitragem tem natureza jurisdicional, equivalente à sentença judicial.

1.1. Constitucionalidade da arbitragem

A lei da arbitragem é constitucional na medida em que decorre da vontade autônoma das partes e não impede o controle judicial de eventuais abusos (STF. SEC – AgRg 5.206).

Nota 1. A convenção arbitral é obrigatória para os estipulantes, ressalvado controle judicial de invalidades.

Nota 2. O controle judicial não importa em reforma da decisão arbitral, mas apenas em sua eventual invalidação. É controle de forma e não de mérito.

1.2. Questões de concurso

1.2.1. O árbitro é terceiro independente e imparcial com poder decisório

- *FCC. DPE-SP. 2010. Agente de Defensoria – Psicólogo.*

  Um meio de resolução de controvérsias, referentes a direitos patrimoniais disponíveis, no qual ocorre a intervenção de um terceiro independente e imparcial, que recebe poderes de uma convenção para decidir por elas, sendo sua decisão equivalente a uma sentença judicial é denominado de

  A) Mediação.

  B) Arbitragem.

  C) Conciliação.

  D) Audiência.

  E) Avaliação.

  Resposta: letra B.

- *TRT 15ª Região (SP). 2008. Juiz do Trabalho.*

  No concernente à arbitragem e à mediação, assinale a assertiva incorreta:

  A) o mediador não assume poderes decisórios perante as partes, as quais preservam toda a autonomia quanto à fixação da solução final do litígio;

B) o árbitro não assume poderes decisórios perante as partes, as quais preservam toda a autonomia quanto à fixação da solução final do litígio;

C) a mediação é realizada por terceiro estranho às partes em dissenso;

D) a arbitragem é realizada por terceiro estranho às partes em dissenso;

E) a arbitragem resulta de ajuste de vontade das partes efetivado mediante convenção de arbitragem.

Resposta: letra B.

1.2.2. A arbitragem é meio privado de resolução de disputas.

- *CESGRANRIO. PETROBRAS. 2006. Administrador.*

Em relação à arbitragem é correto afirmar que:

A) é um meio privado de solução de disputas, sem o envolvimento do Poder Judiciário.

B) é um meio público de solução de disputas, com a participação do Poder Judiciário.

C) é um meio misto de solução de disputas, simultaneamente público e privado.

D) é um meio de solução de disputas que, independente da sua natureza pública ou privada, não tem validade no Brasil, somente sendo utilizável em países estrangeiros.

E) não é um meio legalmente reconhecido de solução de disputas.

Resposta: letra A.

1.2.3. A opção pela arbitragem é uma alternativa ao processo judicial, em razão de sua celeridade, efetividade e equivalência jurisdicional.

- *CESGRANRIO. PETROBRAS. 2010. Administrador.*

Ocorrem eventos em que há necessidade de se recorrer à arbitragem, sobre a qual é sabido que

A) é uma forma alternativa de composição de litígio entre partes.

B) é um processo moroso, com prazos longos e indefinidos.

C) é regida por um sistema jurídico único, no Brasil.

D) tem aplicação proibida na esfera pública, sendo utilizada apenas em âmbito privado.

E) sua sentença não tem força judicial se assinada a cláusula compromissória.

Resposta: letra A.

1.2.4. A cláusula arbitral em contrato empresarial** é faculdade das partes, **não viola normas constitucionais e legais, obrigando os contratantes e impedindo o juiz de conhecer da demanda.

- *FCC. TRT – 6ª Região (PE). 2015. Juiz do Trabalho.*

A cláusula de um contrato empresarial que faz compulsória a arbitragem para solução de litígios de natureza patrimonial entre as partes é

A) ineficaz, se quaisquer das partes decidir pelo ajuizamento de uma ação.

B) válida, apenas se se tratar de contrato de adesão, porque coloca qualquer aderente em situação de igualdade.

C) válida, se livremente pactuada, não implicando violação à garantia constitucional de inafastabilidade da jurisdição.

D) nula, ainda que livremente pactuada, porque viola norma de ordem pública.

E) anulável, porque a lei proíbe a arbitragem compulsória em qualquer modalidade de contrato.

Resposta: letra C.

- *FGV. Prefeitura de Recife – PE. 2014. Auditor do Tesouro Municipal.*

Maria, Betânia e Custódia pretendem constituir uma sociedade empresária e consultam um especialista para saber quais são as cláusulas que devem, obrigatoriamente, constar no referido instrumento contratual.

As opções a seguir apresentam cláusulas obrigatórias do contrato, ***à exceção de uma***. Assinale-a.

A) Denominação, objeto, sede e prazo da sociedade.

B) De arbitragem ou compromissória.

C) Indicação das pessoas naturais incumbidas da administração, seus poderes e atribuições.

D) A quota de cada sócio e o modo de realizá-la.

E) O capital, expresso em moeda corrente, podendo compreender qualquer espécie de bens, suscetíveis de avaliação pecuniária.

Resposta: letra B.

2. Requisitos de validade da arbitragem

A válida instituição da arbitragem depende de requisitos subjetivos, objetivos e instrumentais. Os requisitos subjetivos e objetivos formam o que a doutrina denomina de arbitrabilidade.

2.1. Arbitrabilidade subjetiva

A lei exige que as partes na convenção arbitral sejam pessoas capazes de contratar, afastando, assim, as absoluta e relativamente incapazes.

Os entes despersonalizados, tendo capacidade para contratar e estando autorizados, podem convencionar a arbitragem.

O mandato para convencionar a arbitragem exige poderes específicos e expressos.

As administrações públicas direta (pessoas políticas) e indireta (pessoas autárquicas, fundacionais e empresariais), observada as regras de competência, podem convencionar a arbitragem, desde que presentes requisitos objetivos e instrumentais, inclusive de leis especiais.

2.1.1. Cabimento da arbitragem na administração pública

A administração pública pode transacionar e, portanto, convencionar a arbitragem, observados requisitos objetivos e instrumentais (STF. AI 52.181).

As empresas estatais podem convencionar a arbitragem com empresas privadas (STJ. MS 11.308).

As empresas estatais podem convencionar a arbitragem para atividades que envolvam apenas o interesse público secundário (STJ. REsp 606.345).

A ausência de previsão de cláusula arbitral no edital e no contrato não impede que seja firmado o compromisso (STJ. REsp 904.813).

Nota 1. A possibilidade de entes despersonalizados convencionarem a arbitragem decorre de interpretação doutrinária dominante contra a letra expressa da lei.

Nota 2. Apesar da orientação doutrinária, não consta na lei civil a exigência de poderes específicos e expressos para que o mandatário convencione a arbitragem.

2.1.2. Questões de concurso

2.1.2.1. As pessoas capazes, inclusive as integrantes da administração pública direta e indireta, podem escolher a arbitragem para solução de litígios de fato e de direito relativos a direitos patrimoniais disponíveis.

- *IESES. TJ-CE. 2018. Titular de Serviços de Notas e de Registros.*

  Em relação à Lei de arbitragem, é correto afirmar, exceto:

  A) (...)

  B) É vedada a administração pública direta e indireta utilizar-se da arbitragem para dirimir conflitos relativos a direitos patrimoniais disponíveis.

  C) (...)

  D) (...)

  Resposta: letra B.

- *TRF – 2ª Região. 2017. Juiz Federal.*

Analise as assertivas e, em seguida, marque a opção correta:

I – Respeitados os parâmetros da Lei nº 9.307/96 ou, quando for o caso, de lei específica, as empresas públicas, as sociedades de economia mista e até as autarquias podem submeter seus litígios à arbitragem. Já a Administração Pública direta não o pode.

II – (...)

III – (...)

IV – (...)

E) Todas as assertivas são falsas.

Resposta: letra E.

- *VUNESP. TJ-SP. 2016. Titular de Serviços de Notas e de Registros.*

A arbitragem, como meio para dirimir conflitos relativos a direitos patrimoniais disponíveis, poderá ser utilizada

A) pelos entes da Administração Pública direta, desde que não envolva matéria de direito.

B) pelos particulares, em geral, sem qualquer restrição, inclusive quanto à capacidade.

C) pelas entidades paraestatais, excluídas as empresas públicas.

D) pela Administração Pública direta e indireta.

Resposta: letra D.

2.1.2.2. A lei prevê expressamente a arbitragem como meio de solução de litígios entre as partes nas delegações de serviços públicos (Lei 8.987/95. Art. 23-A).

- *VUNESP. Prefeitura de São Paulo – SP. 2016. Analista.*

Firmado um contrato de concessão de serviço público, surge, durante sua execução, uma disputa entre as partes relacionada ao contrato. Nos termos da legislação vigente no Brasil, é correto afirmar que essa disputa

A) (...)

B) (...)

C) deve, obrigatoriamente, ser resolvida pelo Poder Judiciário.

D) pode ser resolvida por arbitragem

E) (...)

Resposta: letra D.

- *CESPE. MPE-RO. 2008. Promotor de Justiça.*

Acerca dos contratos administrativos, assinale a opção correta.

A) (...)

B) Se determinado Estado da Federação firmar contrato de concessão pública de transporte público interestadual, tal contrato poderá, conforme a legislação federal de regência, prever o emprego de mecanismos privados para resolução de disputas decorrentes desse contrato ou a ele relacionadas, inclusive a arbitragem.

C) (...)

D) (...)

E) (...)

Resposta: letra B.

- *IADES. ARCON-PA. 2018. Auxiliar.*

  De acordo com a Lei Federal nº 8.987/1995, com relação ao contrato de concessão, assinale a alternativa correta.

  A) (...)

  B) (...)

  C) (...)

  D) (...)

  E) O emprego de mecanismos privados para resolução de disputas decorrentes ou relacionadas ao contrato, inclusive a arbitragem, poderá ser previsto no contrato de concessão.

  Resposta: letra E.

- *IBGP. PBH Ativos S.A. 2018. Analista Jurídico.*

  De acordo com a Lei Federal nº 8.987/95, que regulamenta o regime de concessão e permissão da prestação de serviços públicos previsto no art. 175 da Constituição da República Federativa do Brasil (CF/1998), é correto afirmar que:

  A) (...)

  B) (...)

  C) O contrato de concessão poderá prever o emprego de mecanismos privados para resolução de disputas decorrentes ou relacionadas ao contrato, inclusive a arbitragem, a ser realizada no Brasil e em língua portuguesa.

  D) (...)

  Resposta: letra C.

2.2. Arbitrabilidade objetiva

A lei também exige requisitos objetivos para que haja arbitrabilidade, admitindo a arbitragem para litígios decorrentes de direitos patrimoniais disponíveis, isto é, direitos com valor econômico e que estejam no comércio, passíveis de alienação, renúncia ou transação.

Efeitos econômicos de direitos não-patrimoniais e indisponíveis podem ser arbitrados.

Incapazes não podem convencionar a arbitragem por ausência de capacidade de contratar e seus representantes ou assistentes não o podem porque indisponíveis os seus direitos, mesmo que versando sobre questões de conteúdo econômico, visto que a atuação do Ministério Público continua a ser obrigatória.

A doutrina e a jurisprudência apontam para a indisponibilidade nas relações de trabalho e de consumo em razão das peculiaridades dos seus regimes jurídicos, admitindo-se de maneira muito restrita a arbitragem.

Nas relações societárias, admite-se o direito de recesso ao acionista que discorde da inserção de cláusula arbitral no estatuto, salvo poucas exceções.

Por seu turno, a administração pública pode convencionar a arbitragem desde que para direitos patrimoniais disponíveis, conceito que não alcança interesses públicos primários, veiculados em atos de império.

Atos de gestão, ao contrário, que veiculam interesses públicos secundários, podem ser objeto de arbitragem porquanto patrimoniais e disponíveis.

2.2.1. Arbitragem envolvendo interesse de trabalhadores e de consumidores.

Antes da reforma legislativa, era inadmissível a arbitragem em conflitos trabalhistas individuais (TST. RR 282.000-61.2001.5.02.0033).

A previsão de arbitragem compulsória em matéria de consumo, em contrato de adesão ou não, é nula, não se aplicando a regra da lei de arbitragem (STJ. REsp 1.753.041).

É válida a celebração consensual de compromisso arbitral para resolver litígio instaurado entre consumidor e fornecedor (STJ. REsp 1.169.841)

2.2.2. Arbitragem na lei laboral, consumerista e societária

CLT. Art. 507-A. Permite a arbitragem em contratos com remuneração superior a duas vezes o teto para benefícios previdenciários, por iniciativa ou com concordância expressa do empregado.

CDC. Art. 51, inc. VII. Nula a cláusula que preveja a utilização compulsória de arbitragem em relação de consumo.

LSA. Art. 136-A. A inserção de cláusula de arbitragem no estatuto obriga a todos os acionistas, garantido ao dissidente, salvo poucas exceções, o direito de recesso.

Nota 1. A letra da lei não veda a utilização voluntária da arbitragem em relações de consumo.

Nota 2. Mesmo antes da reforma trabalhista, havia entendimento de que a proibição da arbitragem só alcançava dissídios individuais na vigência do contrato de trabalho.

Nota 3. A proibição de uso da arbitragem se baseia no princípio da proteção do trabalhador e não pode alcançar decisão que lhe é favorável, como a liberação de FGTS.

2.2.3. Questões de concurso

2.2.3.1. A convenção arbitral sobre atos de gestão de interesses públicos secundários, patrimoniais e disponíveis obriga a administração pública direta e indireta.

- *VUNESP. PGM-SP. 2014. Procurador Municipal.*

  Em relação à arbitragem e à Administração Pública, assinale a alternativa correta.

  A) O juízo arbitral é inadmissível em contratos de empresas públicas, por falta de expressa autorização legal e por contrariedade aos princípios básicos que regem a Administração Pública.

  B) É inaplicável a arbitragem em contratos celebrados pela Administração Pública sujeitos ao regime de direito público por violar o princípio da indisponibilidade do interesse público.

  C) Estipulada cláusula compromissória em contrato administrativo, à luz dos princípios constitucionais que o regem, poderá a Administração Pública afastá-la, em nome do interesse público.

  D) Quando os contratos celebrados por empresa estatal versem sobre atividade econômica em sentido estrito, os direitos e as obrigações deles decorrentes serão transacionáveis, disponíveis e, portanto, sujeitos à arbitragem.

  E) As atividades desenvolvidas por autarquia que decorram do poder de império da Administração Pública, cuja consecução esteja relacionada ao interesse público primário, podem submeter-se à arbitragem.

  Resposta: letra D.

- *FCC. MANAUSPREV. 2015. Procurador Autárquico.*

  O contexto de consenso-negociação onde se insere a Administração pública na atualidade, permite a adoção de soluções anteriormente não adotadas, tais como a arbitragem. A utilização desse instituto, no entanto, é predicada por limites, de modo que

A) depende de autorização judicial para instauração do procedimento, prescindindo de homologação judicial após a sentença arbitral.

B) fica restrita a direitos patrimoniais disponíveis, universo onde se inserem as demandas que versem, por exemplo, sobre reequilíbrio econômico-financeiro do contrato, desde que não pretendam novação dos aspectos negociais do contrato.

C) ficam excluídas todas as demandas envolvendo a Administração pública direta, em razão da prevalência do princípio da indisponibilidade dos bens públicos, que se sobrepõe às disposições legais que com ele colidirem.

D) fica restrita a direitos patrimoniais primários da Administração direta, que depende de autorização legislativa para negociação de direitos indisponíveis.

E) fica sujeita à homologação judicial, tendo em vista que inexistem direitos patrimoniais disponíveis no âmbito da Administração pública.

Resposta: letra B.

2.2.3.2. Nos termos da Constituição, admite-se a arbitragem de conflitos coletivos de trabalho. Nos termos da legislação vigente, admite-se a arbitragem, por iniciativa ou com a concordância expressa do trabalhador, para conflitos individuais em que sua remuneração seja mais do que o dobro do teto de benefícios previdenciários.

- *VUNESP. Prefeitura de Andradina – SP. 2017. Procurador Jurídico.*

Por expressa disposição constitucional, a arbitragem é forma de solução dos conflitos

A) coletivos de trabalho.

B) individuais e coletivos de trabalho.

C) referentes a direitos coletivos e individuais homogêneos.

D) referentes a direitos difusos e individuais homogêneos.

E) individuais de trabalho.

Resposta: letra A.

VUNESP. IPSM. 2018. Procurador.

Quando devidamente pactuada, a arbitragem é forma de solução de conflitos de trabalho

A) exclusivamente coletivos.

B) individuais e coletivos, sem restrições.

C) individuais e coletivos, desde que haja previsão em convenção coletiva de trabalho.

D) advindos da rescisão do contrato de trabalho, desde que o trabalhador esteja assistido pelo sindicato da categoria profissional.

E) individuais, quando a remuneração do empregado for superior a duas vezes o limite máximo estabelecido para os benefícios da Previdência Social.

Resposta: letra E.

2.2.3.3. ***É válida** a cláusula que **preveja a utilização facultativa da arbitragem, por iniciativa do consumidor, e obrigatória para o fornecedor.***

- *CEPERJ. PROCON-RJ. 2012. Advogado.*

Nos termos do Código de Defesa do Consumidor, determinadas cláusulas são consideradas nulas de pleno direito. Dentre elas, não se incluem as que:

A) estabeleçam inversão do ônus da prova em prejuízo do consumidor

B) determinem a utilização voluntária de arbitragem

C) imponham representante para concluir outro negócio jurídico pelo consumidor

D) deixem ao fornecedor a opção de concluir ou não o contrato, embora obrigando o consumidor

E) permitam ao fornecedor, direta ou indiretamente, variação do preço de maneira unilateral.

Resposta: letra B.

- *FCC. DPE-PA. 2009. Defensor Público.*

São válidas as cláusulas contratuais relativas ao fornecimento de produtos e serviços que

A) possibilitem a renúncia do direito de indenização por benfeitorias necessárias.

B) estabeleçam inversão do ônus da prova em prejuízo do consumidor.

C) imponham representante para concluir ou realizar outro negócio jurídico pelo consumidor.

D) determinem a utilização facultativa de arbitragem.

E) permitam ao fornecedor, direta ou indiretamente, variação do preço, ainda que de maneira unilateral.

Resposta: letra D.

Art. 2º – A arbitragem poderá ser **de direito ou de equidade**, a critério das partes.

§ 1º Poderão as partes **escolher, livremente, as regras de direito** que serão aplicadas na arbitragem, desde que **não haja violação** aos bons costumes e à ordem pública.

§ 2º Poderão, também, as partes convencionar que a arbitragem se realize com base nos **princípios gerais de direito, nos usos e costumes** e **nas regras internacionais de comércio**.

§ 3º A arbitragem que envolva a administração pública será **sempre de direito** e respeitará o **princípio da publicidade**.

1. Critérios de julgamento

As partes têm liberdade para dizerem se a arbitragem será de direito ou de equidade, conforme o tipo de fonte escolhida para o árbitro fundamento para sua decisão.

A hierarquia das fontes estatais e não-estatais a ser observada no processo judicial não tem lugar no processo arbitral.

Nesse sentido, podem as partes determinar que a decisão arbitral seja tomada com base em princípios e regras de direito nacional, estrangeiro ou internacional, em normas estatutárias, convencionais ou costumeiras e até mesmo em noções de justiça.

As partes convenentes podem determinar, inclusive, a utilização de uma combinação dessas fontes e o apelo a outras não mencionadas expressamente no dispositivo legal.

1.1. Controle judicial da regra de direito

A verificação da regra do direito escolhido pelas partes na arbitragem é questão de mérito que escapa à homologação judicial (STJ. SEC 3.035).

2. A lei

É comum que as partes adotem a lei como critério de julgamento já que o dota de maior segurança pela fácil constatação do conteúdo desta fonte.

A lei é a norma estatal de caráter geral e abstrato que expressa a soberania interna ao vincular, regra geral, os que se encontrem no território do ente que produziu, ou, excepcionalmente, em territórios outros em que seja admitida sua aplicação.

A lei aplicável pode ser nacional ou estrangeira, a critério das partes.

É entendimento doutrinário, porém, que a escolha de lei estrangeira depende da comprovação de que o contrato é internacional, ainda que indireta ou acidentalmente.

A internacionalidade do contrato permite a escolha da lei dentro de certos parâmetros, a depender de nele haver cláusula eletiva da via arbitral ou eletiva de foro judicial.

No primeiro caso, a escolha é livre e observará apenas o limite do respeito à ordem pública.

No segundo caso, a escolha deverá recair sobre a lei do local da celebração, se entre presentes, ou do local da residência do proponente, se entre presentes.

A escolha da lei estrangeira deve ser interpretada estritamente, não se admitindo que possa conduzir à aplicação de outra lei a que seja feita referência ou remissão.

A lei de arbitragem não permite que a escolha seja do árbitro se o contrato silenciar, aplicando-se a lei do local de celebração ou de residência do proponente.

3. Outras fontes

As partes convenentes não estão obrigadas, contudo, a escolherem normas de direito positivo.

A lei permite que usos e costumes, princípios gerais de direito, regras internacionais de comércio e a equidade sejam tomados como base para as decisões proferidas no processo arbitral.

Uso é o comportamento reiterado e uniforme. É o elemento objetivo do costume. Costume, portanto, é o comportamento reiterado e uniforme com convicção de obrigatoriedade. O uso está no plano dos fatos enquanto o costume alcança o plano normativo.

Os usos e costumes podem ser conformes, paralelos ou contrários à lei. É possível a escolha de usos e costumes contrários à lei, mas não contrários à ordem pública.

O mesmo raciocínio vale para os princípios gerais de direito, para as regras internacionais de comércio e para a equidade.

A compreensão do que são os princípios gerais de direito e a equidade reclama uma postulação filosófica já que esta e aqueles são definidos de maneira diversa a depender de se adotar uma postura naturalista, positivista ou pós-positivista.

Para alguns, os princípios gerais de direito e a equidade são referidos a noções abstratas de naturalmente preexistentes.

Para outros, os princípios gerais de direito são obtidos por meio da pesquisa do que subjaz ao direito positivo nacional e comparado.

Para outros ainda, os princípios gerais de direito são encontrados como pressupostos das ordens jurídicas positivas internas e externa e a equidade se afere em noções concretas socialmente aferidas.

Ressalte-se que a equidade exerce papeis diversos, algumas vezes como critério decisório e todas as vezes como guia interpretativo. No primeiro caso exige autorização expressa da lei e das partes. No segundo, não.

Concluindo a análise, definem-se as regras internacionais de comércio como aquelas convencionais ou costumeiras produzidas no âmbito de organizações públicas ou privadas, com graus variados de exigibilidade.

4. Limites à escolha

Há limites, no entanto, para o exercício da escolha dos critérios que sirvam de base para a decisão arbitral.

Limite genérico para arbitragens envolvendo pessoas privadas e públicas é que a escolha não importe em afronta à ordem pública, termo complexo que envolve o desrespeito aos bons costumes e a fraude direta ou indireta à lei.

A ordem pública é entendida como o conjunto de preceitos essenciais que servem de base para a sustentação da ordem política, econômica e moral de uma dada comunidade.

Limite específico para a arbitragem envolvendo a administração pública é que a escolha do critério de julgamento observe certos princípios da lei arbitral e de leis especiais.

Ao contrário das demais arbitragens, inadmite-se, na arbitragem envolvendo a administração pública, o julgamento por exclusiva equidade, a legalidade estrita, no entanto, não é exigível, permitindo-se a adoção de regras internacionais de comércio e de usos e costumes técnicos.

A administração não pode participar de arbitragem que se processe em território e língua estrangeiros e em caráter sigiloso, salvo os previstos em lei.

A efetivação da publicidade, porém, é dever da administração pública.

4.1. Ofensa à ordem pública e à soberania nacional

Ofende a ordem pública a falta de assinatura de cláusula compromissória (STJ. SEC 978).

Ofende a soberania pedido de homologação cujo autor tenha recorrido de decisão judicial que julgou suficiente depósito feito em seu favor de valor conexo com a demanda arbitral (STJ. SEC 826).

São de ordem pública as normas constitucionais, administrativas, processuais, penais, fiscais, de organização judiciária, econômica, familiar e de proteção aos incapazes (STJ. SEC 802).

A exceção do contrato não-cumprido não é norma de ordem pública (STJ. SEC 802).

5. Questões de concurso

5.1. A arbitragem pode se processar com base em princípios, regras ou costumes, nacionais, internacionais ou estrangeiros, desde que não ofendam a ordem pública e os bons costumes.

- *CESGRANRIO. Petrobras. 2012. Administrador.*

  Em relação à arbitragem, verifica-se que

  A) poderá ser de direito ou de equidade, a critério das partes.

  B) (...)

  C) (...)

  D) (...)

  E (...)

  Resposta: letra A.

- *CESGRANRIO. Petrobras. 2012. Advogado.*

  Empresa brasileira está negociando com uma empresa estrangeira um contrato de compra de subprodutos de petróleo. A vendedora do produto insiste em incluir uma cláusula prevendo que o contrato será regido pelas leis uruguaias. Se o contrato vier a ser assinado no Brasil, essa cláusula seria válida?

  A) Sim, por se tratar de um contrato internacional.

  B) Sim, por ser um contrato entre empresas do Mercosul.

  C) Sim, se a solução de controvérsias for feita por arbitragem.

  D) Sim, desde que obtido o referendo do Congresso Nacional.

  E) Não, pois o contrato feito no Brasil não será internacional.

  Resposta: letra C.

- *CESPE. DPE-TO. 2013. Defensor Público.*

  Assinale a opção correta acerca dos sistemas não judiciais de composição de litígios.

  A) Na arbitragem, as partes podem escolher, livremente, as regras de direito que serão aplicadas, desde que não haja violação aos bons costumes e à ordem pública.

  B) (...)

C) (...)

D) (...)

E) (...)

Resposta: letra A.

- *CESPE. TJ-DFT. 2014. Juiz de Direito.*

No que concerne à jurisdição e a seus equivalentes, assinale a opção correta.

A) (...)

B) (...)

C) (...)

D) (...)

E) Há possibilidade de os envolvidos na arbitragem escolherem a norma de direito material a ser aplicada na resolução do conflito, podendo ainda ser convencionado que o julgamento se faça com base nos costumes.

Resposta: letra E.

- *CESPE. TRF – 1ª REGIÃO. 2015. Juiz Federal.*

Assinale a opção correta a respeito da jurisdição e dos equivalentes jurisdicionais.

A) (...)

B) (...)

C) (...)

D) Na arbitragem, as partes podem escolher a norma de direito material a ser aplicada para a solução do conflito.

E) (...)

Resposta: letra D.

- *IESES. TJ-PA. 2016. Titular de Serviços de Notas e de Registros.*

De acordo com a Lei 9.307/96, que dispõe sobre a arbitragem, assinale a alternativa correta:

A) (...)

B) Poderão as partes escolher, livremente, as regras de direito que serão aplicadas na arbitragem, desde que não haja violação aos bons costumes e à ordem pública.

C) (...)

D) (....)

Resposta: letra B.

5.2. ***A arbitragem*** *é expressamente admitida pela lei* ***como meio de solução de litígios entre as partes nas delegações de serviços públicos, desde que realizada no Brasil e em língua portuguesa.***

- *FUNIVERSA. SEPLAG-DF. 2010. Analista – Direito.*

  Um município firmou um contrato de concessão de serviço público com uma sociedade empresária. Considerando essa situação, é correto afirmar que

  A) (...)

  B) (...)

  C) (...)

  D) (...)

  E) o contrato de concessão poderá prever cláusula de arbitragem como solução de controvérsia dele decorrente.

  Resposta: letra E.

- *FAE. TJ-PR. 2008. Juiz de Direito.*

  Assinale a alternativa correta:

  A) no contrato de concessão de serviços públicos é vedada a possibilidade de previsão do emprego de mecanismos privados para a resolução de disputas decorrentes ou relacionadas aos contratos de concessão de serviços públicos, com exceção da arbitragem, desde que realizada no Brasil e em língua portuguesa, nos termos da lei.

  B) no contrato de concessão de serviços públicos é admitida a possibilidade de previsão do emprego de mecanismos privados para a resolução de disputas decorrentes ou relacionadas aos contratos de concessão de serviços públicos, inclusive a arbitragem, podendo a mesma ser realizada no Brasil e em língua portuguesa, nos termos da lei.

  C) no contrato de concessão de serviços públicos não é admitida a possibilidade de previsão do emprego de mecanismos privados para a resolução de disputas decorrentes ou relacionadas aos contratos de concessão de serviços públicos, com exceção da arbitragem, desde que realizada no Brasil e em língua estrangeira, nos termos da lei.

  D) no Brasil, o princípio constitucional da indisponibilidade do interesse público impede a utilização da arbitragem nos contratos de concessão de serviços públicos.

  Resposta: letra B.

- *FCC. MPE-AP. 2012. Promotor de Justiça.*

  De acordo com as diversas leis que regem as contratações da Administração, a arbitragem

  A) somente poderá ser aplicada aos contratos privados firmados pela Administração.

B) é instrumento obrigatório para solução de controvérsias nos contratos de parceria público-privada.

C) é meio de solução de controvérsias não admitido em contratos firmados pela Administração Pública, em vista da indisponibilidade do interesse público.

D) somente é aplicável aos contratos resultantes de licitações internacionais, cujo pagamento seja feito com o produto de financiamento concedido por organismo financeiro internacional de que o Brasil faça parte.

E) é admissível nos contratos de concessão comum de serviços públicos, desde que seja realizada no Brasil e em língua portuguesa.

Resposta: letra E.

- *FGV. Prefeitura de Cuiabá – MT. 2015. Técnico de Nível Superior.*

A respeito dos serviços públicos, assinale a afirmativa correta.

A) (...)

B) O contrato de concessão poderá prever o emprego de mecanismos privados para resolução de disputas decorrentes ou relacionadas ao contrato, inclusive arbitragem.

C) (...)

D) (...)

E) (...)

Resposta: letra B.

- *CONSULPLAN. TRF – 2ª REGIÃO. 2017. Analista Judiciário – Área Judiciária.*

Lei Federal define que determinado serviço público será prestado por particulares, através de concessão, após licitação na modalidade de concorrência. Sobre o tema, assinale a alternativa correta.

A) O contrato de concessão poderá prever o emprego de arbitragem para resolução de disputas relacionadas ao contrato.

B) (...)

C) (...)

D) (...)

Resposta: letra A.

- *IBFC. AGERBA. 2017. Especialista em Regulação.*

Assinale a alternativa correta nos termos da Lei federal nº 8.987, de 13/02/1995 que dispõe sobre o regime de concessão e permissão da prestação de serviços públicos previstos no art. 175 da Constituição Federal e dá outras providências.

A) O contrato de concessão não poderá prever o emprego de mecanismos privados para resolução de disputas decorrentes ou relacionadas ao contrato

B) O contrato de concessão poderá prever o emprego de mecanismos privados para resolução de disputas decorrentes ou relacionadas ao contrato, exclusivamente por arbitragem, a ser realizada no Brasil ou no estrangeiro e em língua portuguesa

C) O contrato de concessão poderá prever o emprego de mecanismos privados para resolução de disputas decorrentes ou relacionadas ao contrato, exclusivamente por arbitragem, a ser realizada no Brasil ou no estrangeiro e em língua portuguesa ou não

D) O contrato de concessão poderá prever o emprego de mecanismos privados para resolução de disputas decorrentes ou relacionadas ao contrato, inclusive a arbitragem, a ser realizada no Brasil e em língua portuguesa ou não

E) O contrato de concessão poderá prever o emprego de mecanismos privados para resolução de disputas decorrentes ou relacionadas ao contrato, inclusive a arbitragem, a ser realizada no Brasil e em língua portuguesa.

Resposta: letra E.

Capítulo II
Da Convenção de Arbitragem e seus Efeitos

Art. 3º – As partes interessadas podem submeter a solução de seus litígios ao juízo arbitral mediante **convenção de arbitragem**, assim entendida a **cláusula compromissória** e o **compromisso arbitral**.

1. Conceito e espécies de convenção arbitral

Convenção arbitral (ou convenção de arbitragem, nos termos da lei) é o negócio jurídico bilateral pelo qual as partes preveem a arbitragem como forma de solução de litígios que entre si estejam ou venham a ocorrer.

Como negócio jurídico bilateral, a convenção deve apresentar elementos de existência, validade e de eficácia dos negócios jurídicos em geral e os específicos de sua categoria, dentre os quais destacam-se os requisitos de validade referentes aos sujeitos e ao objeto, já vistos quando da análise da arbitrabilidade, e os referentes ao instrumento que serão adiante analisados.

Como gênero, a convenção arbitral admite duas espécies em cujas formas variam, mas não quanto aos seus efeitos. São elas: a) cláusula compromissória (nos termos da lei) ou cláusula arbitral; b) compromisso arbitral.

As particularidades de ambas serão analisadas nos próximos artigos, mas desde já alerto que o critério temporal é adotado para separar uma de outra espécie de convenção, sendo a cláusula voltada ao futuro indeterminado e o compromisso, ao presente determinado.

1.1. Critério de distinção entre as espécies de convenção

É marcada pelo critério temporal a distinção entre cláusula e compromisso (STJ. SEC 1.210).

1.2. Questão de concurso

- *FCC. DPE-SP. 2010. Agente de Defensoria – Psicólogo.*

  Um meio de resolução de controvérsias, referentes a direitos patrimoniais disponíveis, no qual ocorre a intervenção de um terceiro independente e imparcial, que recebe poderes de uma convenção para decidir por elas, sendo sua decisão equivalente a uma sentença judicial é denominado de

  A) Mediação.

  B) Arbitragem.

  C) Conciliação.

  D) Audiência.

  E) Avaliação.

  Resposta: letra B.

2. Efeitos da convenção arbitral

A convenção arbitral, seja de que espécie for, possui um efeito negativo e outro efeito positivo.

O efeito negativo consiste em obrigar o juízo estatal a extinguir o processo sem resolução do mérito caso seja proposta demanda e a parte contrária alegue e prove a existência de convenção arbitral sobre o objeto litigioso, ainda que por simples petição, sem prejuízo da defesa em contestação.

O efeito positivo consiste em facultar à parte a possibilidade de demandar diretamente perante o juízo arbitral, desde que presentes todos os requisitos para a sua instituição.

A convenção é, assim, pelas mesmas razões, a um só tempo, pressuposto processual negativo da jurisdição estatal e positivo da jurisdição arbitral, na medida em que importa em exclusão voluntária de uma em favor de outra, dando às partes o fundamento para o exercício do direito de demandarem por esta via, mas também o dever de, a princípio, só por esta via demandarem.

O obstáculo para a parte convenente, todavia, é transitório e não definitivo, não importando renúncia ao direito de buscar na jurisdição estatal o controle da jurisdição arbitral quanto aos seus aspectos formais.

2.1. Comprovação da existência da convenção

A homologação de sentença arbitral estrangeira exige que a convenção seja trazida aos autos (STF. SEC 6.753; STJ. SEC 885).

É obrigatória a via arbitral quando comprovada a existência de convenção nesse sentido (STJ. REsp 791.260).

Nota 1. A só existência da convenção arbitral não tem efeito processual algum, sem que alegada e acolhida pelo juízo estatal. Apesar disso, os concursos costumam fazer referência apenas à convenção como motivo de extinção. À falta de outras alternativas, essa deve ser apontada como a correta.

Nota 2. A ausência de alegação da convenção arbitral pela parte importa em renúncia à via arbitral.

Nota 3. A petição com a alegação de convenção arbitral autoriza o juízo estatal a suspender o prazo até que a aprecie, mas não o obriga.

Nota 4. O acolhimento da alegação, porém, obriga o juízo estatal a extinguir o processo sem resolução do mérito.

Art. 4º – A **cláusula compromissória** é a convenção através da qual as partes em um contrato comprometem-se a submeter à arbitragem os **litígios que possam vir a surgir**, relativamente a tal contrato.

§ 1º A cláusula compromissória deve ser **estipulada por escrito**, podendo estar inserta no **próprio contrato** ou em **documento apartado** que a ele se refira.

§ 2º Nos **contratos de adesão**, a cláusula compromissória só terá eficácia se o **aderente tomar a iniciativa** de instituir a arbitragem ou **concordar, expressamente, com a sua instituição**, desde que por escrito em documento anexo ou em negrito, com a assinatura ou visto especialmente para essa cláusula.

§ 3º (VETADO).

§ 4º (VETADO).

1. Conceito, requisitos e tipos da cláusula compromissória

1.1. Conceito e requisitos

Cláusula compromissória (nos termos da lei) ou cláusula arbitral é espécie de convenção em que as partes preveem a arbitragem como meio de solução de litígios que venham a surgir quanto a uma determinada relação que pode ser contratual ou estatutária.

A relação básica é determinada e presente, ao passo que os litígios decorrentes são indeterminados e futuros.

Os requisitos instrumentais da convenção arbitral e de suas espécies são de caráter formal ou de caráter material.

Os materiais, denominados elementos, serão vistos mais à frente.

Requisito instrumentário de forma é a exigência de que seja escrita qualquer cláusula, seja aquela com inserção no próprio instrumento comprobatório da relação básica ou aquela que conste em instrumento apartado expressamente referido ao de base.

1.1.1. Indispensabilidade da forma escrita

Sendo necessária a anuência expressa e específica das partes quanto à previsão de juízo arbitral, a forma escrita da cláusula compromissória é indispensável (STF. SEC 6.753; STJ. SEC 866; STJ. SEC 967; STJ. SEC 978).

1.1.2. Questões de concurso

- *FUNIVERSA. PC-DF. 2015. Delegado de Polícia.*

A respeito dos métodos alternativos de solução de conflitos, assinale a alternativa correta.

A) A sentença arbitral não admite controle judicial sobre sua validade.

B) Ao convencionar a arbitragem, as partes renunciam, em definitivo, ao direito de acesso à justiça.

C) A cláusula compromissória de arbitragem é a convenção por meio da qual as partes estatuem, prévia e abstratamente, que eventuais controvérsias oriundas de certo negócio jurídico sejam dirimidas pelo juízo arbitral.

D) A autocomposição, por sua rara ocorrência, tem cada vez mais perdido prestígio no ordenamento jurídico brasileiro como método eficaz de solução de conflitos.

E) A mediação pressupõe a intervenção de um terceiro imparcial e equidistante, sendo, pois, espécie heterocompositiva.

Resposta: letra C.

- *CESPE. TRF – 2ª REGIÃO. 2009. Juiz Federal.*

  O instrumento no qual as partes elegem a arbitragem internacional como forma de solução de possíveis litígios futuros caracteriza

  A) o compromisso arbitral.

  B) a qualificação prévia arbitral.

  C) a cláusula de eleição do foro.

  D) o reenvio prejudicial arbitral.

  E) a cláusula compromissória.

  Resposta: letra E.

1.2. Tipos

Observada a forma escrita como único requisito formal de validade, a doutrina vem admitindo as cláusulas arbitrais epistolares e as referenciais ou por referência.

As primeiras são aquelas que estão contidas em comunicações trocadas entre as partes, por qualquer meio.

As últimas são aquelas determinadas cláusulas previstas em outro instrumento negocial ou em regulamento institucional às quais são feitas referência no instrumento da relação básica.

A validade da cláusula depende da observância da forma escrita porque assim se expressa a anuência das partes quanto à escolha da jurisdição arbitral, não se presumindo a exceção à jurisdição estatal senão com clara e inequívoca manifestação de vontade nesse sentido.

Nos contratos de adesão, a forma assume também o caráter de condição de eficácia, exigindo-se que a estipulação tenha origem na vontade do aderente ou que, ao menos, tenha ele concordado com a previsão de maneira expressa, através do lançamento da assinatura em instrumento anexo ao da relação básica, ou no próprio com assinatura ou visto ao lado da cláusula com letras em destaque.

O entendimento dominante é que o dispositivo se reporta aos contratos de adesão em geral, não alcançando as relações de consumo que teriam regramento próprio.

1.2.1. Arbitragem em contratos de adesão

Inviável a análise da natureza de adesão do contrato em processo de homologação de sentença estrangeira (STJ. SEC 6.335).

A previsão de arbitragem compulsória em matéria de consumo, em contrato de adesão ou não, é nula, não se aplicando a regra da lei de arbitragem (STJ. REsp 1.753.041).

Nota. Embora a lei de arbitragem se refira a litígios decorrentes de relações contratuais, importante lembrar que a lei das sociedades anônimas prevê a possibilidade de utilização da arbitragem entre os acionistas cuja relação básica não é um contrato, mas um estatuto.

2. Modelo de cláusula compromissória

Apenas para saciar eventual curiosidade, apresento cláusula compromissória adotada pelo Centro Brasileiro de Litígios Econômicos (Caraíve Arbitragem).

"Observar-se-ão as normas do Centro Brasileiro de Litígios Econômicos (Caraíve Arbitragem) para a resolução definitiva de quaisquer controvérsias acerca da validade ou da eficácia deste instrumento e dos que lhe sejam acessórios, agregando ou alterando seu conteúdo. Em respeito à autonomia privada, as partes deliberam que os litígios que entre si se estabeleçam serão submetidos a procedimento de mediação. Persistindo a situação litigiosa, as partes deliberam que submeter-se-ão a procedimento de arbitragem. Os mediadores e os árbitros serão designados pela presidência do Centro Brasileiro de Litígios Econômicos Caraíve Arbitragem), caso não o façam as partes ou se assim expressamente solicitarem."

Art. 5º – Reportando-se as partes, na cláusula compromissória, às **regras de algum órgão arbitral institucional ou entidade especializada**, a arbitragem será instituída e processada de acordo com tais regras, podendo, igualmente, as partes estabelecer na própria cláusula, ou em outro documento, a forma convencionada para a instituição da arbitragem.

1. Elementos da cláusula arbitral

A cláusula arbitral ou compromissória deve reunir elementos suficientes para a instauração do processo perante a jurisdição arbitral, sendo pressuposto disto a nomeação ou designação de árbitros.

Na cláusula compromissória completa, cheia ou em preto esses elementos estão presentes, seja por disposição em seu próprio corpo, seja por remissão às regras de alguma instituição (arbitragem institucional) ou às regras que venham a ser estabelecidas pelo árbitro (arbitragem avulsa ou "ad hoc"), excluindo-se, assim, a jurisdição estatal e afirmando-se a jurisdição arbitral.

Na cláusula compromissória incompleta, vazia ou em branco, os elementos necessários para a instauração do processo arbitral não se fazem presentes, ainda que parcialmente, exigindo-se a intervenção da jurisdição estatal para completar a cláusula e, de tal maneira, possibilitar-se a instituição do processo arbitral.

A existência de ambas as cláusulas é admitida pela lei e, portanto, faz parte de sua fisiologia, de sua normalidade.

Há, no entanto, as cláusulas que não são normais, que são patológicas, seja por sua invalidade, não resultando de sua leitura a vontade das partes em optar pela via arbitral, seja por sua imperfeição, resultando de sua leitura uma interpretação duvidosa sobre tal escolha.

1.2. Força obrigatória da cláusula

A inequívoca manifestação da parte quanto à adoção da via arbitral é princípio de ordem pública que afeta a validade do processo (STJ. SEC 967).

Mesmo com redação dúbia, a cláusula arbitral obriga as partes convenentes (STJ. SEC. 1.331.100).

A exclusão da cláusula arbitral só é possível por declaração de vício ou pela vontade expressa das partes (STJ. SEC 1).

As partes estão vinculadas à via eleita para a solução do litígio (STJ. REsp 606.345; 612.439).

1.3. Questão de concurso

- *FAURGS. TJ-RS. 2015. Titular de Serviços de Notas e de Registros*

  Assinale a alternativa que contém afirmativa incorreta sobre a arbitragem no Direito Brasileiro.

  A) A arbitragem obedecerá ao procedimento estabelecido pelas partes na convenção de arbitragem, que poderá reportar-se às regras de um órgão arbitral institucional ou entidade especializada, facultando-se, ainda, às partes, delegar ao próprio árbitro, ou ao tribunal arbitral, regular o procedimento.

  B) O compromisso arbitral é uma das espécies de convenção de arbitragem.

  C) Sobrevindo, no curso da arbitragem, controvérsia acerca de direitos indisponíveis, e verificando-se que de sua existência, ou não, dependerá o julgamento, o árbitro, ou o tribunal arbitral, remeterá as partes à autoridade competente do Poder Judiciário, suspendendo o procedimento arbitral.

  D) É possível a aplicação de direito estrangeiro para a solução de um conflito submetido a processo arbitral.

  Resposta: letra C. O artigo 25 da lei de arbitragem, que dispunha precisamente no sentido da alternativa C, foi revogado pela lei 13.129 exatamente no ano da prova!

2. Espécies de cláusulas arbitrais

As cláusulas arbitrais podem ser puras ou escalonadas, únicas ou combinadas.

Cláusula escalonada é aquela em que são previstos dois ou mais meios de solução de litígios a serem utilizados em momentos distintos, com o apelo necessário à autocomposição condicionando a utilização da via heterocompositiva.

A lei da mediação, por exemplo, como na segunda parte será visto, tratou da questão, possibilitando inclusive a suspensão do processo na via arbitral ou na via judicial diante de cláusula com essa condição.

Cláusula combinada a rigor não há.

O que ocorre é de existir num mesmo instrumento uma cláusula compromissória de escolha da via arbitral e outra de cláusula de eleição de foro judicial.

Prevalece a cláusula arbitral, reservando-se ao foro judicial apenas as questões para as quais não haja jurisdição arbitral como, por exemplo, a prática de atos de coerção e expropriação.

2.1. Coexistência de cláusulas de foro e arbitral

As cláusulas arbitral e de foro não são incompatíveis (STJ. REsp 904.813).

> **Art. 6º – Não havendo acordo prévio** sobre a forma de instituir a arbitragem, a parte interessada **manifestará** à outra parte sua **intenção de dar início** à arbitragem, por via postal ou por outro meio qualquer de comunicação, mediante comprovação de recebimento, **convocando-a para**, em dia, hora e local certos, **firmar o compromisso arbitral**.
>
> Parágrafo único. **Não comparecendo** a parte convocada **ou**, comparecendo, **recusar-se a firmar** o compromisso arbitral, poderá a **outra parte** propor a demanda de que trata o art. 7º desta Lei, **perante o órgão do Poder Judiciário** a que, originariamente, tocaria o julgamento da causa.

1. Integração de cláusula arbitral

Como foi visto, a cláusula compromissória ou arbitral pode ser completa ou incompleta.

Se a cláusula arbitral, institucional ou avulsa, for completa, cheia ou em preto, apresentando o suficiente para a indicação dos árbitros, a instauração do processo arbitral é possível desde o advento do litígio.

Em sendo incompleta, vazia ou em branco, a cláusula demanda atos da parte demandante de maneira a promover sua integração.

Certo que nada impede que a integração seja feita por aditamento contratual. Entretanto, nos termos da lei, a previsão é que seja feito por meio de compromisso arbitral.

Nessa hipótese, o compromisso arbitral, antes uma alternativa frente à outra espécie de convenção, a cláusula compromissória, surge como elemento necessário desta.

1.1. Questão de concurso

1.1.1. A intervenção judicial não importa em renúncia à via arbitral.

- *NC-UFPR. UFPR. 2010. Economista.*

Sobre a cláusula compromissória, de acordo com a Lei 9.307/96, é incorreto afirmar:

A) É a convenção através da qual as partes em um contrato comprometem-se a submeter à arbitragem os litígios que possam vir a surgir, relativamente a tal contrato.

B) Pode referir-se a normas arbitrais de terceiros, como por exemplo entidades especializadas em arbitragem, a que recorram as partes em caso de necessidade.

C) Uma das partes contratantes pode unilateralmente requerer a instituição da arbitragem, avisando a outra parte de sua intenção.

D) A resistência de uma das partes contratantes à instituição da arbitragem já acordada permite que a parte interessada procure a instância específica de Justiça para que a parte resistente compareça em juízo.

E) Em havendo resistência à arbitragem por uma das partes e o encaminhamento do litígio para a instância específica de Justiça, perde-se irrevogavelmente o recurso à arbitragem.

Resposta: letra E.

2. Notificação prévia

A parte demandante, antes de tudo, deve notificar a parte demandada, por qualquer meio e mediante comprovação de recebimento, para que compareça, em local, hora e dia determinados, e então firme o compromisso arbitral.

A previsão da cláusula obriga as partes e, dessa maneira, caso a parte demandada, devidamente notificada, não compareça ou compareça e se recuse a firmar o compromisso, nasce o interesse de agir para que a parte demandante buscar a via judicial, observadas regras de competência fixadas na lei processual.

A notificação prévia é, portanto, indispensável para a propositura da ação de execução específica da cláusula arbitral.

Art. 7º – **Existindo cláusula** compromissória e **havendo resistência** quanto à instituição da arbitragem, poderá a parte interessada requerer a **citação da outra** parte para **comparecer em juízo** a fim de lavrar-se o compromisso, designando o juiz **audiência especial** para tal fim.

§ 1º O **autor indicará, com precisão**, o objeto da arbitragem, **instruindo** o pedido com o documento que contiver a cláusula compromissória.

§ 2º **Comparecendo as partes** à audiência, o juiz tentará, previamente, a **conciliação** acerca do litígio. Não obtendo sucesso, **tentará o juiz** conduzir as partes à **celebração, de comum acordo**, do compromisso arbitral.

§ 3º Não concordando as partes sobre os termos do compromisso, **decidirá o juiz, após ouvir o réu, sobre seu conteúdo**, na própria audiência ou no prazo de dez dias, respeitadas as disposições da cláusula compromissória e atendendo ao disposto nos arts. 10 e 21, § 2º, desta Lei.

§ 4º Se a cláusula compromissória nada dispuser sobre a **nomeação de árbitros**, caberá **ao juiz**, ouvidas as partes, **estatuir a respeito**, podendo nomear árbitro único para a solução do litígio.

§ 5º A **ausência do autor**, sem justo motivo, à audiência designada para a lavratura do compromisso arbitral, importará a **extinção do processo sem julgamento de mérito**.

§ 6º Não comparecendo **o réu** à audiência, caberá **ao juiz, ouvido o autor, estatuir a respeito** do conteúdo do compromisso, nomeando árbitro único.

§ 7º A **sentença** que julgar **procedente** o pedido valerá como **compromisso arbitral**.

1. Execução específica da cláusula arbitral

O procedimento de execução específica de cláusula arbitral foi inspirado no sumaríssimo dos juizados especiais e, assim, possui como características a celeridade e a flexibilidade.

Pretende-se, com ele, a conciliação das partes quanto ao litígio básico ou, de qualquer forma, obter a declaração de anuência da parte demandada quanto ao compromisso arbitral ou sua substituição pela sentença judicial.

2. Petição inicial

Cabe à parte demandante formular pedido ao juízo estatal no sentido de promover a execução específica da cláusula arbitral, impedindo-se a atuação de ofício do julgador.

A petição inicial deve conter a adequada qualificação das partes, bem descrever o litígio e desde já delimitar o objeto da arbitragem, instruindo o feito com a prova documental da cláusula a ser integrada e, ao final, requerer a citação da parte demandada para comparecer em juízo e firmar o compromisso arbitral.

3. Audiência judicial

Recebida a inicial, deve o juiz determinar a citação da demandada e a intimação da demandante para que compareçam à audiência.

Ausente a parte demandante, o processo será extinto sem resolução do mérito, podendo ser intentada nova ação.

Ausente a parte demandada, o juiz ouvirá apenas a parte demandante e sentenciará, fixando o compromisso.

Comparecendo as partes, a conciliação deverá ser tentada, primeiramente acerca do litígio de base e, após, sendo infrutífera, sobre o conteúdo do compromisso arbitral a ser firmado.

Não havendo acordo, ouvindo as partes e respeitando os princípios específicos e o que dispuser a cláusula, o juiz sentenciará, em audiência ou após, sobre o conteúdo do compromisso.

4. Efeito da sentença

A sentença pode ser meramente homologatória do acordo entre as partes acerca do litígio de base ou substitutiva de declaração de vontade, quando, não conciliadas, o litígio deverá ser resolvido pela via arbitral, com a necessária fixação do conteúdo do compromisso arbitral.

Nesse caso, a sentença valerá como compromisso arbitral judicial, vinculando as partes e os árbitros, salvo expressa manifestação posterior de vontade das partes dispondo em sentido contrário.

Nada havendo na cláusula arbitral, o juiz poderá, ouvindo as partes, dispor sobre a escolha dos árbitros, inclusive podendo nomear árbitro único.

A escolha de árbitro único não é obrigatória, mas se outra for a decisão deve ser fundamentada.

4.1. Dispensa de intervenção judicial

A cláusula compromissória cheia dispensa a intervenção judicial porque contêm os elementos suficientes ao processo arbitral, dispensando compromisso para integrá-la (STJ. SEC 1.210; REsp 1.389.763).

4.2. Questões de concurso

- *FCC. DPE-SP. 2009. Defensor Público.*

Duas pessoas, no pleno exercício da capacidade civil, firmaram contrato de compra e venda de imóvel. Estabeleceram, por escrito, cláusula compromissória para a hipótese de eventual litígio. Em ação de rescisão contratual cumulada com indenização por danos morais e patrimoniais, o réu ofertou resposta sem objeção processual, postulando pela improcedência da ação. O juiz, após apreciar as alegações finais das partes, julgou o processo extinto, sem resolução de mérito, nos termos do artigo 267, inciso VII do Código de Processo Civil, remetendo as partes para discussão do contrato em sede de juízo arbitral. No seu entendimento, o juiz está

A) errado, pois estava encerrada a fase probatória e o processo maduro para julgamento de mérito, aplicando-se ao caso o princípio da economia processual.

B) certo, pois se as partes firmaram cláusula compromissória, deveriam tê-la observado, pois em matéria contratual vigora o princípio pacta sunt servanda.

C) errado, pois ainda que devesse conhecer de ofício a matéria, o réu deveria ter alegado a convenção arbitral em preliminar de contestação e, ao deixar de fazê-lo, sujeitou-se ao pagamento das custas de retardamento, que incumbia ao julgador ter fixado na sentença extintiva.

D) errado, pois não poderia ter conhecido essa matéria de ofício, conforme expressa disposição legal.

E) errado, pois ao invés de extinguir o processo sem julgamento de mérito, deveria ter determinado o prosseguimento do feito, porém voltado à execução da cláusula de arbitragem.

Resposta: letra E.

- *FUNECE. UECE. 2017. Advogado.*

Considerando os mecanismos de defesa do réu, é correto afirmar que

A) a reconvenção não pode ser proposta contra o terceiro.

B) a revelia não produz o efeito de presumirem-se verdadeiras as alegações de fato formuladas pelo autor o litígio versar sobre direitos disponíveis.

C) a ausência de alegação da existência de convenção de arbitragem implica aceitação da jurisdição estatal e renúncia ao juízo arbitral.

D) os prazos contra o revel que não tenha patrono nos autos fluirão da data de realização do ato, independentemente da data de publicação.

Resposta: letra C.

Art. 8º – A **cláusula compromissória é autônoma** em relação ao contrato em que estiver inserta, de tal sorte que a **nulidade deste não implica**, necessariamente, a nulidade da cláusula compromissória.

Parágrafo único. Caberá ao **árbitro decidir de ofício**, ou por provocação das partes, as questões acerca da **existência, validade e eficácia** da convenção de arbitragem e do contrato que contenha a cláusula compromissória.

1. Autonomia da convenção arbitral

O dispositivo analisado contém princípios importantíssimos para a jurisdição arbitral que devem ser entendidos como aplicáveis à convenção arbitral e não apenas a uma de suas espécies.

Com efeito, o princípio da autonomia se reporta às convenções arbitrais que sejam dispositivos em contratos ou em estatutos ou que a eles faça referência.

Evidentemente, adquire maior importância para as cláusulas compromissórias insertas em instrumentos contratuais porque deixa claro que eventual vício do documento básico não a afeta.

1.1. Questão de concurso

- *FAURGS. TJ-RS. 2015. Titular de Serviços de Notas e de Registros.*

  Assinale a alternativa que contém afirmativa **incorreta** quanto à arbitragem no Direito Brasileiro.

  A) A cláusula compromissória inserida em determinado contrato não possui caráter acessório a esse, de modo que a nulidade do contrato implicará a nulidade da referida cláusula.

  B) A instituição da arbitragem interrompe a prescrição, retroagindo à data do requerimento de sua instauração, ainda que extinta a arbitragem por ausência de jurisdição.

  C) Instituída a arbitragem, caberá aos árbitros manter, modificar ou revogar a medida cautelar ou de urgência concedida pelo Poder Judiciário.

  D) Os árbitros poderão não proferir sentenças parciais.

  Resposta: letra A.

▶ Atenção! A questão usa de expressões corretas induz o candidato ao erro, algo bem comum em concursos. Veja, por exemplo, a letra D. O árbitro pode proferir sentenças parciais e também pode não proferir. A lei, porém, fala apenas da possibilidade de proferir. A letra A, por sua vez, diz que a cláusula arbitral não tem caráter acessório, o que é verdade. No entanto, conclui em sentido diverso a isso, dizendo que a nulidade do contrato implicará a nulidade da cláusula.

---

2. Presunção de validade da convenção

Disto decorre um segundo princípio, o da presunção de validade da convenção arbitral.

A presunção de validade, todavia, é relativa, isto é, ainda que o ato jurídico básico seja inválido parte-se da presunção de que a convenção com ele relaciona ou a ele referida seja válida até prova em contrário.

A interpretação, portanto, deve militar em favor da validade da convenção e só diante de cabal demonstração pode-se invalidá-la.

3. Alcance da jurisdição arbitral

A autonomia da convenção e a presunção relativa de sua validade são coerentes com o poder da jurisdição arbitral para decidir, com ou sem provocação das partes, sobre seu próprio alcance, isto é, acerca da existência, da validade e da eficácia da convenção arbitral e do instrumento básico da relação jurídica em que estiver disposta ou a que ela se referir, seja contrato ou estatuto.

O conhecido princípio da competência-competência (Kompetenz-kompetenz), mais bem nominado como princípio da jurisdição-jurisdição, traduz-se no efeito negativo e no efeito positivo já mencionados, excluindo a relação jurídica básica do âmbito da jurisdição judicial e a incluindo na jurisdição arbitral.

Ele não é a mera atribuição de uma competência arbitral, já que, acaso concluindo pela inexistência, estaria o juízo arbitral dando-se por incompetente, algo absolutamente contraditório.

Mesmo que o juízo arbitral conclua que a convenção seja inexistente, inválida ou ineficaz e, portanto, ausente a competência para decidir a demanda, ainda assim a jurisdição arbitral foi exercida porque, de plano, o juízo arbitral decidiu tais questões.

Nesse sentido, por exemplo, a recuperação judicial ou a falência e a execução de título extrajudicial perante o juízo estatal não obstam nem suspendem o processo arbitral.

A definição do alcance da jurisdição arbitral, assim, cabe à própria jurisdição arbitral.

3.1. Eficácia da jurisdição arbitral

A ação judicial ou o protesto extrajudicial, por si sós, não importam em renúncia à via arbitral que, aliás, não pode ser tácita (STJ. SEC 1; REsp 1.244.401).

A insolvência, a falência ou a recuperação judicial não obstam nem suspendem a possibilidade de crédito ilíquido ser cobrado pela via arbitral (STJ. MC 14.795; REsp 1.355.831).

A jurisdição arbitral deve ser preservada mesmo que decorra de acordo judicial cuja validade se discuta (STJ. REsp 1.288.251; REsp 1.302.900).

A recusa à arbitragem voluntariamente escolhida é má-fé (STJ. REsp 904.813).

A sucessão contratual implica a sucessão na cláusula arbitral, obrigando o sucessor (STJ. SEC 831; SEC 894).

É obrigatória a via arbitral quando comprovada a existência de convenção nesse sentido (STJ. REsp 791.260).

O juízo arbitral pode reavaliar a concessão de tutelas provisórias antecedentes à sua instauração (STJ. REsp 1.586.383).

O juízo estatal deve evitar a intervenção no curso de processo arbitral até mesmo em sede cautelar (STJ. REsp 1.297.974).

O terceiro vincula-se à cláusula arbitral seja por participar da execução do contrato, seja por participar da arbitragem (STJ. SEC 3.709).

Nota 1. A só existência da convenção arbitral não tem efeito processual algum, sem que alegada e acolhida pelo juízo estatal. Apesar disso, os concursos costumam fazer referência apenas à convenção como motivo de extinção. À falta de outras alternativas, essa deve ser apontada como a correta.

Nota 2. A ausência de alegação da convenção arbitral pela parte importa em renúncia à via arbitral.

Nota 3. A petição com a alegação de convenção arbitral autoriza o juízo estatal a suspender o prazo até que a aprecie, mas não o obriga.

Nota 4. O acolhimento da alegação, porém, obriga o juízo estatal a extinguir o processo sem resolução do mérito.

Art. 9º – O **compromisso arbitral** é a convenção através da qual as partes **submetem um litígio** à arbitragem de uma ou mais pessoas, podendo ser judicial ou extrajudicial.

§ 1º O compromisso arbitral judicial celebrar-se-á por **termo nos autos**, perante o juízo ou tribunal, onde tem curso a demanda.

§ 2º O compromisso arbitral extrajudicial será celebrado por **escrito particular, assinado por duas testemunhas,** ou por **instrumento público**.

1. Conceito e natureza do compromisso arbitral

Como dito anteriormente, a convenção arbitral é gênero que possui duas espécies: a cláusula arbitral ou compromissória e o compromisso arbitral, espécies idênticas quanto aos seus efeitos positivo e negativo.

A distinção de uma e outro adota o critério temporal, sendo a primeira voltada ao futuro, ao litígio potencial, abstrato, indeterminado, e o segundo voltado ao presente, ao litígio efetivo, concreto, determinado.

É o compromisso arbitral, portanto, espécie de convenção em que as partes definem a arbitragem como meio de solução de litígios delimitados que estejam a efetiva e concretamente a ocorrer.

O compromisso é, como o gênero de que é espécie, um negócio jurídico bilateral com natureza contratual, ainda que se reporte a uma relação jurídica básica de caráter estatutário, como certas societárias.

1.1. Questão de concurso

- *CESGRANRIO. Petrobras. 2014. Administrador.*

  A arbitragem é aplicada na resolução de conflitos envolvendo contratos internacionais, entre os quais se incluem os relativos a transportes marítimos.

  Na arbitragem, verifica-se que a (o):

  A) cláusula compromissória não é autônoma, em relação ao contrato em que estiver inserta, de tal sorte que a nulidade deste implica a nulidade da cláusula compromissória.

  B) cláusula compromissória é a convenção através da qual as partes submetem um litígio à arbitragem de uma ou mais pessoas, podendo ser judicial ou extrajudicial.

  C) sentença arbitral não será considerada nula, ainda que o compromisso arbitral seja considerado nulo.

  D) sentença arbitral produz, entre as partes e seus sucessores, os mesmos efeitos da sentença proferida pelos órgãos do Poder Judiciário e, sendo condenatória, constitui título executivo.

  E) compromisso arbitral é a convenção através da qual as partes em um contrato se comprometem a submeter à arbitragem os litígios que possam vir a surgir, relativamente a tal contrato.

  Resposta: letra D.

▶ Atenção! A resposta é letra expressa da lei (art. 31). Além disso, as opções anteriores são tão evidentemente erradas que novamente vale o alerta sobre as tentativas dos examinadores de induzirem os candidatos ao erro com o adendo de que o estudo da letra da lei é indispensável.

2. Tipos de compromisso arbitral

A lei de arbitragem prevê tipos de compromisso que variam de acordo com suas formas.

Assim, o compromisso arbitral pode ser judicial, caso tenha sido firmado ou fixado em termos nos autos de processo judicial, ou pode ser extrajudicial, caso tenha sido firmado pelas partes através de escritura pública lavrada por tabelião em livro de notas ou escrito particular assinado por ambas as partes e por duas testemunhas.

Art. 10 – Constará, **obrigatoriamente**, do compromisso arbitral:

I – o nome, profissão, estado civil e domicílio **das partes**;

II – o nome, profissão e domicílio do **árbitro**, ou dos árbitros, ou, se for o caso, a **identificação da entidade** à qual as partes delegaram a indicação de árbitros;

III – a matéria que será **objeto** da arbitragem; e

IV – o **lugar** em que será proferida a sentença arbitral.

1. Requisitos da arbitragem e da convenção arbitral

Como vimos, a arbitragem exige a presença de requisitos subjetivos, objetivos e instrumentais.

Requisito subjetivo é a presença de pessoas com capacidade para contratar e requisito objetivo é que o litígio entre elas decorra de direitos patrimoniais disponíveis.

Requisitos instrumentais são os que se reportam ao instrumento em que convencionada a arbitragem por tais pessoas para resolver seus litígios, podendo ser de forma (formais) ou de conteúdo (materiais).

2. Elementos obrigatórios do compromisso arbitral

As formalidades a serem observadas envolvem a exigência de que o compromisso esteja em termo nos autos judiciais, em escritura pública lavrada por tabelião em livro de notas ou pelas partes em escrito particular com suas assinaturas e de duas testemunhas.

Os requisitos materiais são os elementos do compromisso que podem ser obrigatórios ou facultativos.

Os elementos obrigatórios, a princípio, conferem validade ao instrumento e se ausentes viciam-no.

A lei de arbitragem exige que sejam qualificados as partes e os árbitros, seja definido o objeto da arbitragem e seja fixado o local em que prolatada a sentença.

Se a qualificação das partes estiver presente, ainda que parcialmente, mas permitindo a sua identificação, não há invalidade.

De outra parte, se o compromisso não qualificar os árbitros, mas indicar os meios para sejam posteriormente escolhidos ou designados e, então, qualificados, não há qualquer problema.

Quanto ao objeto da arbitragem, embora não se exija detalhamento extremo, importante que contenham informações que permitam a formulação adequada do pedido e da causa de pedir.

A fixação do local em que deva ser prolatada a sentença arbitral é elemento importantíssimo, já que a nacionalidade da sentença se define por meio dessa referência e, por conseguinte, caso prolatada fora do território brasileiro, obrigatória sua submissão ao processo de homologação judicial.

A fixação do local da prolação da sentença não se estende aos demais atos, que podem ser praticados em locais diversos que sequer necessitam ser mencionados.

2.1. Questão de concurso

- *IESES. TJ-RO. 2017. Titular de Serviços de Notas e de Registros.*

  Lei nº 9.307, de 23 de setembro de 1996, que dispõe a sobre arbitragem, elenca em seu texto itens que devem constar, obrigatoriamente, do compromisso arbitral, quais sejam:

  I. A matéria que será objeto da arbitragem.

  II. O nome, profissão e domicílio do árbitro, ou dos árbitros, ou, se for o caso, a identificação da entidade à qual as partes delegaram a indicação de árbitros.

  III. O lugar em que será proferida a sentença arbitral.

  IV. O nome, profissão, estado civil e domicílio das partes.

  A sequência correta é:

  A) Apenas as assertivas I e IV estão corretas.

  B) Apenas a assertiva III está incorreta.

C) As assertivas I, II, III e IV estão corretas.

D) Apenas a assertiva II está correta.

Resposta: letra C.

▶ Atenção! Cuidado para não confundir a qualificação de árbitros e de partes já que se assemelham em muito. O estado civil não é exigido dos árbitros, apenas das partes.

2.2. Alegação de nulidade do compromisso arbitral

É possível a alegação sucessiva ou concomitante de nulidade do compromisso arbitral em ação própria e em embargos do devedor (STJ. REsp 693.219).

Art. 11 – **Poderá**, ainda, o compromisso arbitral conter:

I – local, ou locais, onde se **desenvolverá** a arbitragem;

II – a autorização para que o árbitro ou os árbitros **julguem por equidade**, se assim for convencionado pelas partes;

III – o **prazo** para apresentação da sentença arbitral;

IV – a **indicação da lei** nacional ou das **regras corporativas** aplicáveis à arbitragem, quando assim convencionarem as partes;

V – a declaração da responsabilidade pelo pagamento dos **honorários** e das **despesas** com a arbitragem; e

VI – a fixação dos **honorários** do árbitro, ou dos árbitros.

Parágrafo único. Fixando as partes os **honorários** do árbitro, ou dos árbitros, no compromisso arbitral, este constituirá **título executivo extrajudicial**; não havendo tal estipulação, o **árbitro requererá** ao órgão do Poder Judiciário que seria competente para julgar, originariamente, a causa que os fixe por sentença.

1. Elementos facultativos do compromisso arbitral

Além dos elementos obrigatórios, há outros mencionados de maneira exemplificativa na lei e cujas ausências não acarretam nenhum vício ao instrumento, porque facultativos.

A facultatividade, entretanto, desaparece, tornando o elemento obrigatório, caso a arbitragem seja de equidade ou adote direito diverso do direito positivo brasileiro.

2. Escolha da lei aplicável

Inexiste a obrigatoriedade, portanto, de se declinar a lei aplicável na arbitragem de direito, quando do seu silêncio for possível concluir qual lei a aplicar por meio do recurso aos critérios legais de solução de conflitos normativos no espaço presentes na lei de introdução às normas do direito brasileiro.

3. Demais elementos

Igualmente, inexiste obrigatoriedade em se declinar o local da prática de atos arbitrais, com exceção da sentença; o prazo para a prolação da sentença, sem prejuízo de eventual prorrogação; a responsabilidade pelo pagamento de custas, despesas e honorários advocatícios, periciais e arbitrais.

A fixação de honorários dos árbitros pode ser fixada no compromisso que, para os árbitros, valerá como título executivo extrajudicial.

Caso não sejam fixados, cabe aos árbitros requerer ao juízo estatal que assim o faça.

Por fim, importante mencionar que as regras processuais sobre os honorários advocatícios de sucumbência não se aplicam ao processo arbitral, cabendo às partes dispor livremente sobre isso.

Art. 12 – **Extingue-se** o compromisso arbitral:

I – **escusando-se** qualquer dos árbitros, antes de aceitar a nomeação, desde que as partes tenham declarado, expressamente, não aceitar substituto;

II – **falecendo ou ficando impossibilitado** de dar seu voto algum dos árbitros, desde que as partes declarem, expressamente, não aceitar substituto; e

III – tendo **expirado o prazo** a que se refere o art. 11, inciso III, desde que a parte interessada tenha notificado o árbitro, ou o presidente do tribunal arbitral, concedendo-lhe o prazo de dez dias para a prolação e apresentação da sentença arbitral.

1. Hipóteses de extinção do compromisso arbitral

A lei de arbitragem apresenta uma relação de hipóteses para a extinção do compromisso arbitral.

Apesar da letra da lei, as hipóteses alcançam também as cláusulas arbitrais.

A relação apresentada pela lei é meramente exemplificativa, nada impedindo que outras hipóteses sejam previstas pelas partes ou que decorram do regime aplicável aos negócios jurídicos em geral e aos bilaterais em particular, assim como nada impede que as partes acordem em sentido diverso.

1.1. Aplicação em concurso

- *TRF – 3ª REGIÃO. 2016. Juiz Federal.*

Dadas as assertivas abaixo, assinale a alternativa correta.

Com base no disposto na Lei nº 9.307/96 e suas alterações posteriores, é possível afirmar que:

I – Do compromisso arbitral deverá constar, obrigatoriamente, o nome, profissão, estado civil e domicílio das partes; o nome, profissão e domicílio do árbitro, ou dos árbitros, ou, se for o caso, a identificação da entidade à qual as partes delegaram a indicação de árbitros; a matéria que será objeto da arbitragem; o local, ou locais, onde se desenvolverá a arbitragem e onde será proferida a sentença arbitral.

II – Extingue-se o compromisso arbitral escusando-se qualquer dos árbitros, antes de aceitar a nomeação, a menos que as partes tenham declarado, expressamente, aceitar substituto.

III – São requisitos obrigatórios da sentença arbitral: o relatório, que conterá os nomes das partes e um resumo do litígio; os fundamentos da decisão, onde serão analisadas as questões de fato e de direito, mencionando-se, expressamente, se os árbitros julgaram por equidade; o dispositivo, em que os árbitros resolverão as questões que lhes forem submetidas e estabelecerão o prazo para o cumprimento da decisão, se for o caso; a data e o lugar em que foi proferida.

IV – Para que haja a homologação da sentença arbitral estrangeira, deverá haver requerimento da parte interessada, devendo a petição inicial conter as indicações da lei processual, conforme o art. 282 do Código de Processo Civil, sendo dispensável a apresentação do original da sentença arbitral, desde que substituído por cópia devidamente certificada, autenticada pelo consulado brasileiro e acompanhada de tradução oficial e sendo dispensável a apresentação do original da convenção de arbitragem, desde que substituído por cópia devidamente certificada, acompanhada de tradução oficial.

Estão corretas:

A) I, III e IV.

B) I e II.

C) II e III.

D) III e IV.

Resposta: letra D.

▶ Atenção! A questão mistura elementos obrigatórios e facultativos do compromisso arbitral, inverte hipóteses de extinção e reproduz literalmente dispositivos legais até mesmo os que fazem remissões à época já revogadas. O simples conhecimento da letra da lei permite responder à questão com bastante segurança.

2. Árbitros escolhidos em caráter personalíssimo

A primeira hipótese de extinção do compromisso é a decorrente de falecimento, impedimento ou recusa de quaisquer dos árbitros cujas escolhas tenham sido feitas em caráter personalíssimo, porque as partes expressamente declararam não aceitarem substitutos ante tais ocorrências.

3. Expiração do prazo para a prolação da sentença arbitral

Outra hipótese mencionada na lei como de extinção do compromisso arbitral é a expiração do prazo para a prolação da sentença arbitral.

O termo final será o previsto no compromisso arbitral ou, em seu silêncio, o previsto no artigo 23 da lei.

O puro e simples advento do termo final para a prolação da sentença arbitral, todavia, não tem como efeito a extinção referida.

Necessário que, com o termo final do prazo, a parte notifique os árbitros que, então, terão o prazo de favor legal para a prolatarem a sentença.

Ao final desta prorrogação legal, a parte que os notificou deverá ajuizar ação de nulidade prevista no artigo 32.

Importante ressaltar que a parte demandante não poderá ser responsável pelo atraso, caso em que fica impedida de pleitear a tutela judicial.

4. Inexistência da renúncia tácita **à jurisdição arbitral**

Inexiste a figura da renúncia tácita à via arbitral.

Permanece, portanto, hígida a convenção arbitral ainda que as partes tenham entabulado novos contratos sem referência a ela ou tenham buscado a tutela judicial ou feito uso do protesto extrajudicial.

5. Alteração objetiva da situação das partes convenentes

Ainda que as partes estejam em processo de liquidação extrajudicial, recuperação judicial ou mesmo falimentar, permanece hígida a convenção arbitral e, por consequência, a jurisdição arbitral.

6. Efeitos da extinção do compromisso

Extinto o compromisso arbitral, desaparece a jurisdição arbitral e o fundamento de validade para os atos daí em diante praticados pelos árbitros, inclusive da sentença eventualmente prolatada, cuja nulidade, no entanto, haverá de ser declarada no juízo estatal.

Capítulo III
Dos Árbitros

Art. 13 – Pode ser **árbitro** qualquer **pessoa capaz** e que tenha a **confiança das partes**.

§ 1º As partes **nomearão** um ou mais árbitros, sempre em **número ímpar**, podendo nomear, também, os respectivos **suplentes**.

§ 2º Quando as partes nomearem árbitros em **número par**, estes estão autorizados, desde logo, a **nomear mais um** árbitro. Não havendo acordo, **requererão as partes** ao **órgão do Poder Judiciário** a que tocaria, originariamente, o julgamento da causa a nomeação do árbitro, aplicável, no que couber, o procedimento previsto no **art. 7º** desta Lei.

§ 3º As partes poderão, de comum acordo, **estabelecer o processo** de escolha dos árbitros, ou **adotar as regras** de um órgão arbitral institucional ou entidade especializada.

§ 4º As partes, de comum acordo, poderão **afastar a aplicação de dispositivo** do regulamento do órgão arbitral institucional ou entidade especializada que **limite a escolha** do árbitro único, coárbitro ou presidente do tribunal à respectiva lista de árbitros, autorizado o **controle da escolha** pelos órgãos competentes da instituição, sendo que, nos casos de **impasse e arbitragem multiparte**, deverá ser observado o que dispuser o **regulamento aplicável**.

§ 5º O árbitro ou o presidente do tribunal **designará**, se julgar conveniente, um **secretário**, que poderá ser um dos árbitros.

§ 6º No desempenho de sua função, o **árbitro deverá proceder** com **imparcialidade, independência, competência, diligência e discrição**.

§ 7º Poderá o árbitro ou o tribunal arbitral determinar às partes o **adiantamento de verbas** para despesas e diligências que julgar necessárias.

1. Conceito e natureza da função do árbitro

A figura central na arbitragem é o árbitro.

Como sujeito da arbitragem ao lado das partes, o árbitro em sentido próprio é sempre singular, embora o juízo arbitral em amplo sentido possa ser singular ou coletivo.

Assim, o juízo arbitral em amplo sentido pode ser singular, formado por árbitro único, chamado simplesmente de juízo arbitral, ou pode ser coletivo, formado múltiplos árbitros, denominado como tribunal arbitral.

Repise-se que tribunal arbitral é expressão usada para designar o juízo coletivo, portanto, o órgão arbitral judicante, sendo de todo indevido, chegando às raias da ilegalidade, o uso da expressão para designar o órgão institucional ou a entidade especializada encarregados da administração do procedimento.

Árbitro é a pessoa física que exerce a função de julgar demandas a si submetidas direta ou indiretamente pelas partes mediante convenção arbitral.

Deixando para depois a análise das consequências da constatação, pode-se agora adiantar que o árbitro desempenha função de caráter público sob regime híbrido, isto é, em que incidem princípios e regras tanto de direito público quanto de direito privado.

A função do árbitro aproxima-se da função desempenhada por mediadores e conciliadores na medida em que todos buscam o fundamento de validade para suas atuações na vontade das partes.

O mediador e o conciliador, no entanto, são facilitadores, enquanto o árbitro, semelhantemente ao juiz, é um decididor.

1.1. Confusão com órgãos judiciais

O uso de símbolos e denominações privativos de órgãos públicos, especialmente os judiciários, pode gerar condenação por dano moral coletivo (STJ. REsp 1.337.588).

2. Requisitos para ser árbitro

A lei exige que o árbitro seja pessoa plenamente capaz e que tenha a confiança de ambas as partes.

A plena capacidade é a estabelecida pela lei civil em que realizada a arbitragem, não se admitindo que seja pessoa jurídica ou pessoa física relativa ou absolutamente incapaz.

Desnecessário que seja brasileiro ou que seja advogado, ainda que a arbitragem seja de direito.

Desnecessário, aliás, que tenham formação educacional ou profissional ou que pertença a quaisquer entidades acadêmicas ou organizações profissionais.

Os legalmente impedidos, a exemplo dos magistrados em atividade e dos mediadores nas demandas que intervieram, não podem atuar como árbitros.

O árbitro deve ser da confiança de ambas as partes, podendo ser recusados caso a desconfiança conduza a uma situação de dúvida justificável acerca das qualidades esperadas do árbitro.

A confiança decorre de juízo subjetivo, mas pode respaldar-se em dados objetivos, permitindo-se que se pleiteie a substituição.

Importa, porém, ressaltar que a confiança não se reporta, necessariamente, a qualquer demonstração pelo árbitro de possuir conhecimento técnico-profissional sobre a demanda ou sobre o procedimento, embora a inaptidão patente justifique contestação de sua participação.

2.1. Questões de concurso

2.1.1. Para ser árbitro basta capacidade jurídica e confiança das partes.

- *CESGRANRIO. Petrobras. 2014. Administrador.*

  De acordo com a Lei nº 9.307/1996, que dispõe sobre a arbitragem, verifica-se que

  A) a decisão do árbitro ou dos árbitros poderá ser expressa verbalmente ou por escrito.

  B) a sentença proferida pelo árbitro deverá ser homologada pelo Poder Judiciário.

  C) as partes nomearão os árbitros e seus suplentes sempre em número par.

  D) os árbitros são considerados juízes de fato, mas não de direito

  E) qualquer pessoa capaz e que tenha a confiança das partes pode ser árbitro.

  Resposta: letra E.

- *BIO-RIO. EMGEPRON. 2014. Advogado.*

  Nos termos da lei de arbitragem, o árbitro deve:

  A) ser de nível superior

  B) possuir ensino médio completo

  C) ser da confiança das partes

  D) sofrer nomeação pelo Juiz

  Resposta: letra C.

3. Escolha dos árbitros

As partes podem nomear os árbitros e seus suplentes ou delegar a nomeação para terceiros, incluindo os próprios árbitros ou órgãos arbitrais institucionais e entidades especializadas.

A nomeação pode recair em um ou mais árbitros, sendo, nesse último caso, exigível que sejam em números ímpares. Nomeados árbitros em números pares, estarão autorizados a escolherem, de comum acordo, o que faltar.

Se não o fizerem, devem as partes seguir o determinado na convenção arbitral, em acordo específico ou nas regras institucionais acerca da escolha do árbitro faltante e, ao final, sendo silentes, deverão requerer ao juízo estatal competente que assim o faça, por meio da ação prevista no artigo 7º.

Em se tratando de arbitragem institucional, a autonomia das partes deve ser respeitada, podendo as partes afastar regras que limite a liberdade de escolha, ressalvada a possibilidade de controle exercido pela instituição.

O respectivo regulamento institucional prevalecerá, caso haja impasse na escolha ou na hipótese de se tratar de arbitragem multiparte.

3.1. Questão de concurso

3.1.1. As partes nomearão um ou mais árbitros em número ímpar.

- *IESES. TJ-MA. 2016. Titular de Serviços de Notas e de Registros.*

  Assinale a alternativa falsa:

  A) As partes nomearão um ou mais árbitros, sempre em número par, podendo nomear, também, os respectivos suplentes.

  B) Sendo nomeados vários árbitros, estes, por maioria, elegerão o presidente do tribunal arbitral. Não havendo consenso, será designado presidente o mais idoso.

  C) O árbitro ou o presidente do tribunal designará, se julgar conveniente, um secretário, que poderá ser um dos árbitros.

  D) As partes poderão, de comum acordo, estabelecer o processo de escolha dos árbitros, ou adotar as regras de um órgão arbitral institucional ou entidade especializada.

  Resposta: letra A.

▶ Dica. A designação do mais idoso era correta antes da alteração promovida em 2015. Ou houve erro de impressão, grafando-se par em vez de ímpar, ou a organizadora do certame não de seu conta da mudança legal e manteve a norma de 2015 numa prova que ocorreu em 2016! Caso de anulação.

---

4. Organização da arbitragem

A arbitragem pode ser entregue a um juízo arbitral singular, dito pela lei como árbitro único, ou a um juízo arbitral coletivo, nominado pela lei como tribunal.

A direção do procedimento caberá ao árbitro ou ao presidente do tribunal; presidente que, além disso, tem atribuições próprias, inclusive decisórias, decorrentes da lei, permitindo-se que sejam dispostas de outra maneira por regras institucionais ou pela vontade das partes expressa na convenção ou em qualquer ajuste.

Um e outro podem, se entenderem conveniente, designar pessoa para que funcione como secretário, nada impedindo que recaia a designação em um dos árbitros ou no órgão institucional ou entidade especializada encarregados da administração do procedimento.

A condução do processo e o julgamento, entretanto, são responsabilidade do juízo ou tribunal, jamais do encarregado da administração do procedimento.

5. Deveres dos árbitros

Os árbitros devem desempenhar suas funções de modo a respeitar a confiança que neles foi depositada pelas partes.

Devem, pois, desempenhar a função com imparcialidade, independência, competência, diligência e discrição, além de deverem, a qualquer momento, revelar fatos que possam gerar dúvida justificada acerca das exigências de imparcialidade e de independência.

Não se cogita, em nenhum momento, de exigir-se do árbitro uma impossível neutralidade.

O árbitro, como pessoa natural, convive e, ao conviver, interage com indivíduos e grupos, recebendo do meio os impactos que formarão suas impressões acerca do mundo e da vida.

O árbitro, então, como pessoa natural, comparecerá aos momentos da vida carregado dessas impressões.

O que se exige dele, portanto, não é que seja desprovido de impressões que todos têm, mas que não deixe que essas impressões tornem seus juízos calcados em preconceitos, contrários ou favoráveis às partes em litígio, sob pena de, com isso, tornar-se parcial.

Se subjetivamente o árbitro deve conduzir-se de maneira a não favorecer ou prejudicar as partes em razão de meras opiniões pessoais acerca dos litigantes ou do objeto do litígio, objetivamente exige-se mais.

Objetivamente, exige-se que o árbitro seja independente.

Inadmissível que mantenha vínculos pessoais ou profissionais, que traduzam proximidade com as partes, ou que tenha interesses no objeto ou em certo desfecho do litígio.

O árbitro deve ser, também, competente, em sentido técnico-profissional e não científico-processual.

Competência aqui, por conseguinte, não é a delimitação da jurisdição, mas a aptidão pessoal para o julgamento, qualidade pessoal do árbitro para compreensão e composição do litígio, que, por si, não exige que tenha formação jurídica.

Em sua atuação, por fim, o árbitro deve atuar com diligência e discrição.

Deve, assim, atuar sempre ostentar dedicação, prontidão e disposição para o processo arbitral, colocando-o em primeiro plano até que cumpra ou se desincumba do encargo.

E, antes, durante ou depois do processo, o árbitro deve ser discreto, guardando sigilo sobre o caso, ainda que não haja exigência das partes quanto à confidencialidade do processo.

5.1. Questões de concurso

5.1.1. O árbitro é terceiro independente e imparcial com poder decisório

- *FCC. DPE-SP. 2010. Agente de Defensoria – Psicólogo.*

  Um meio de resolução de controvérsias, referentes a direitos patrimoniais disponíveis, no qual ocorre a intervenção de um terceiro independente e imparcial, que recebe poderes de uma convenção para decidir por elas, sendo sua decisão equivalente a uma sentença judicial é denominado de

  A) Mediação.

  B) Arbitragem.

  C) Conciliação.

  D) Audiência.

  E) Avaliação.

  Resposta: letra B.

- *TRT 15ª Região (SP). 2008. Juiz do Trabalho.*

  No concernente à arbitragem e à mediação, assinale a assertiva incorreta:

  A) o mediador não assume poderes decisórios perante as partes, as quais preservam toda a autonomia quanto à fixação da solução final do litigio;

  B) o árbitro não assume poderes decisórios perante as partes, as quais preservam toda a autonomia quanto à fixação da solução final do litígio;

  C) a mediação é realizada por terceiro estranho às partes em dissenso;

  D) a arbitragem é realizada por terceiro estranho às partes em dissenso;

E) a arbitragem resulta de ajuste de vontade das partes efetivado mediante convenção de arbitragem.

Resposta: letra B.

6. Ressarcimento antecipado de gastos

Os árbitros podem determinar que as partes adiantem o ressarcimento de gastos decorrentes de despesas diversas e especialmente de diligências que reputarem necessárias e, caso não atendidos, podem recursar-se a praticar o ato ou a continuar no procedimento.

Ao assim procederem, devem observar o que dispuseram as partes sobre as responsabilidades de cada qual, exigindo-se do requerente, caso nada tenha sido convencionado.

Art. 14 – Estão **impedidos** de funcionar como árbitros as pessoas que tenham, **com as partes ou com o litígio** que lhes for submetido, **algumas das relações** que caracterizam os casos de **impedimento ou suspeição de juízes**, aplicando-se-lhes, **no que couber**, os mesmos deveres e responsabilidades, conforme previsto no Código de Processo Civil.

§ 1º As pessoas indicadas para funcionar como árbitro têm o **dever de revelar**, antes da aceitação da função, **qualquer fato** que denote **dúvida justificada** quanto à sua **imparcialidade e independência.**

§ 2º O árbitro **somente** poderá ser **recusado** por motivo **ocorrido após** sua nomeação. Poderá, entretanto, ser recusado por **motivo anterior** à sua nomeação, **quando**:

a) **não** for **nomeado**, diretamente, **pela parte**; ou

b) o **motivo** para a recusa do árbitro for **conhecido posteriormente** à sua nomeação.

1. Hipóteses de parcialidade e dependência

A semelhança entre o árbitro e o juiz fazem com que certas exigências quanto à conduta deste sejam feitas também àquele.

Nesse sentido, a lei de arbitragem veda a atuação daqueles que tenham com as partes ou com o litígio algumas das relações que caracterizem casos previstos na lei processual civil como sendo hipóteses de impedimento ou suspeição aplicáveis aos juízes, decorrentes de vínculos com as partes ou interesses no objeto do litígio.

Mas a imposição leva em consideração a distinção entre a função arbitral e a função judicial, exigindo-se do árbitro os deveres e responsabilidades do juiz apenas no que couber, no que lhes for compatível e possível.

1.1. Rol meramente exemplificativo

Apesar da referência às hipóteses de impedimento e de suspeição dos juízes, a exigência de imparcialidade do árbitro é mais ampla e, por isso, o rol mostra-se meramente exemplificativo (STJ. REsp 1.526.789).

2. Aplicação da lei processual

Evidentemente, apenas algumas daquelas hipóteses são aplicáveis, porque outras estão tão vinculadas ao exercício da judicatura que não são passíveis de aplicação ao árbitro.

De outra parte, outras hipóteses, não previstas na lei processual, também podem atingir os deveres de imparcialidade e de independência do árbitro, seja por decorrência da interpretação do caso e da conduta, seja por previsão na convenção arbitral ou em regras institucionais ou em códigos de ética.

A relação das hipóteses da lei processual, portanto, é meramente exemplificativa e não taxativa.

Por fim, doutrinariamente entende-se que as partes, desde que plenamente cientes das circunstâncias que ensejariam o reconhecimento de impedimento ou de suspeição do árbitro, podem, livremente, aceitar que atue, desde que com equilíbrio e segundo sua consciência e convencimento.

Nessa linha, o artigo da lei processual possuiria, para as partes, caráter dispositivo e não imperativo.

3. Dever de revelação

O dever de revelação decorre da confiança depositada pelas partes no árbitro e se traduz na exigência legal, mas também ética, de que revele quaisquer fatos que denotem dúvida justificada quanto à sua imparcialidade ou quanto à sua independência.

Embora decorrente do princípio da proteção da confiança e dos deveres de imparcialidade e de independência, o dever de revelação é, na verdade, dever autônomo que tem de ser exercido ainda que se mostre, ao final, que os fatos geradores da dúvida não atingem de maneira alguma aqueles deveres e a confiança não seja abalada.

Por si só, a infração ao dever de revelação desqualifica o árbitro, já importando na quebra da confiança nele depositada, apesar de nada impedir que seja desconsiderada pelas partes no desempenho de autonomia.

Ressalte-se que, ao contrário do que resulta da letra da lei, o dever de revelação tem de ser exercido continuamente, não apenas antes da nomeação, mas também depois dela, durante todo o processo arbitral.

3.1. Violação do dever de revelação

A violação do dever de revelação de fatos que possam gerar dúvida sobre a imparcialidade e a independência do árbitro impede a homologação da sentença estrangeira (STF. ARE 1.136.287).

4. Recusa do árbitro

Embora esteja em disposição referente a impedimento ou suspeição, a recusa do árbitro pode ocorrer em razão da descoberta de ausência de qualquer dos requisitos para que atue na função.

O direito de arguir a recusa do árbitro está condicionado a certos requisitos, dependendo de se saber quem o indicou, quando surgiu o motivo da recusa e quando se tornou conhecido pelo arguente.

Em regra, a arguição de recusa do árbitro pode ser feita apenas por motivo surgido posteriormente à sua nomeação.

Caso, no entanto, a parte que argui a recusa do árbitro tome conhecimento de motivo anterior à nomeação apenas após a nomeação, ainda que seja a responsável por sua nomeação, poderá exercer o direito de o recusar.

A ciência acerca do motivo pela parte nomeante quando da nomeação do árbitro impede o exercício do direito de recusa, importa em presunção absoluta de aceitação e consequente renúncia ao direito.

Com maior razão, igual direito assiste à parte arguente da recusa do árbitro caso não seja a responsável direta por sua nomeação.

Art. 15 – A parte interessada em **arguir a recusa do árbitro** apresentará, nos termos do art. 20, a respectiva **exceção**, diretamente ao árbitro ou ao presidente do tribunal arbitral, deduzindo suas **razões** e apresentando as **provas** pertinentes.

Parágrafo único. **Acolhida** a exceção, será afastado **o árbitro** suspeito ou impedido, que será **substituído**, na forma do art. 16 desta Lei.

1. Exceção de recusa do árbitro

A recusa do árbitro pode ser arguida por meio de exceção dirigida ao árbitro, ao presidente do tribunal arbitral ou, em respeito à autonomia das partes, ao órgão previsto na convenção arbitral ou em regras institucionais, expondo as razões e juntando as provas que tenha.

2. Parte legítima

A parte pode recusar o árbitro que tenha indicado ou que tenha sido indicado pela parte contrária observadas as condições do artigo anterior quanto ao momento do surgimento e do conhecimento do motivo para a recusa.

3. Causas de recusa

A recusa pode ser apresentada em razão do descumprimento de deveres de imparcialidade, independência, competência, diligência e discrição, em razão da existência de impedimento ou suspeição, ou outras previstas na convenção arbitral ou em regras institucionais.

4. Competência para julgar

A decisão acerca da arguição de recusa é do juízo arbitral, observadas a convenção das partes ou as regras institucionais, vedada a intervenção do juízo estatal antes de ajuizada eventual ação de nulidade da sentença arbitral.

5. Procedimento

O procedimento será aquele fixado na convenção arbitral ou em regras institucionais, aplicando-se, no entanto, o que dispõe a lei caso silenciem.

Nesse sentido, a parte deve dirigir sua exceção ao árbitro, ao presidente do tribunal arbitral ou ao órgão previsto na convenção arbitral ou em regras institucionais, expondo as razões e juntando as provas que tenha.

A lei não prevê a oitiva do árbitro que se está a recusar e da parte contrária; nesse último caso, porém, em homenagem ao contraditório, adequada a oitiva.

Não acolhida a exceção, segue adiante o processo arbitral.

Acolhida a exceção, será afastado o árbitro e em seu lugar ingressará o substituto escolhido na forma da convenção arbitral, das regras institucionais, de ajuste entre as partes ou por decisão judicial.

Se a substituição tiver sido expressamente vedada pelas partes na convenção arbitral, extingue-se o processo arbitral.

5.1. Momento da arguição

A arguição de recusa por ausência de imparcialidade ou independência deve ser feita durante o processo arbitral sob pena de inadmissibilidade no processo judicial (STJ. SEC 9.714).

Art. 16 – Se o **árbitro escusar-se antes** da aceitação da nomeação, ou, **após a aceitação**, vier a **falecer**, tornar-se **impossibilitado para o exercício da função**, ou **for recusado**, assumirá seu lugar o **substituto indicado** no compromisso, se houver.

§ 1º **Não havendo** substituto indicado para o árbitro, aplicar-se-ão as **regras** do órgão arbitral institucional ou entidade especializada, se as partes as tiverem **invocado na convenção** de arbitragem.

§ 2º **Nada dispondo** a convenção de arbitragem e **não chegando** as partes a um **acordo** sobre a nomeação do árbitro a ser substituído, procederá a parte interessada da forma prevista no **art. 7º** desta Lei, **a menos** que as partes tenham declarado, **expressamente**, na convenção de arbitragem, não aceitar substituto.

1. Hipóteses de substituição

Os comentários ao artigo 13 valem igualmente para o ora comentado, acrescentando-se, todavia, uma hipótese às de vacância.

Assim, cogitar-se-á de substituição de árbitro que não aceite a nomeação para a função ou que, após aceitá-la, deixe-a vaga em razão de seu falecimento ou de impossibilidade para o desempenho do encargo.

Igualmente, substituir-se-á o árbitro em caso de vacância decorrente de acolhimento da arguição de recusa.

2. Procedimento de substituição

A substituição deve observar o previsto na convenção arbitral, nas regras institucionais expressamente adotadas, em eventual ajuste das partes ou por decisão judicial na forma do artigo 7º, ao qual remeto o leitor para rememorar os comentários específicos.

3. Árbitros escolhidos em caráter personalíssimo

A substituição do árbitro em razão de advento de situações de vacância, entretanto, não se admite em caso de ter sido escolhido em caráter personalíssimo, assim entendida a escolha acompanhada de expressa declaração das partes no sentido de não aceitarem substitutos ante tais ocorrências.

Nessa circunstância, a arbitragem haverá de ser extinta.

Art. 17 – Os árbitros, quando **no exercício** de suas funções ou **em razão** delas, ficam **equiparados** aos funcionários públicos, para os efeitos da **legislação penal**.

1. Natureza pública da função do árbitro

O árbitro desempenha função em que incidem princípios e regras tanto de direito público quanto de direito privado.

O árbitro é sujeito que recebe por meio de ato privado autorização para exercer o poder veiculado por ato público para decidir litígios entre as partes convenentes, mediante remuneração paga e por conta e risco destas.

Quer dizer que embora não tenha posição no seio da administração pública, não seja titular nem ocupante de cargo ou de emprego públicos, a autorização dada pela convenção arbitral só se operacionaliza pelo desempenho da atividade autorizada pela lei de arbitragem, à qual se atribui semelhança com uma atividade pública, a saber, com a atividade judicial.

Em tudo se aproxima da figura do particular em colaboração com a administração.

1.1. Questão de concurso

- *PGR. 2015. Procurador da República.*

  Em relação a arbitragem, é correto afirmar que:

  A) Há possibilidade de controle judicial, inclusive para rediscutir o decidido;

  B) Os árbitros são equiparados aos servidores públicos para efeitos penais;

  C) A sentença arbitral trata-se de um título executivo extrajudicial;

  D) É possível ser imposta compulsoriamente em qualquer contrato.

  Resposta: letra B.

A lei fala em equiparação com funcionários públicos, mas não há erro em falar em equiparação com servidores públicos para o mesmo efeito. O concurso em que apareceu a questão é tradicional neste tipo de formulação. Necessário verificar, no caso, a alternativa inserida no contexto das demais. As outras são tão incorretas que saltam aos olhos, dando segurança para a marcação da que restou e que em nenhum momento solicitou a alternativa correta de acordo com a letra fria da lei, mas conforme seus princípios.

2. Responsabilização criminal especial

Nessa esteira, correta sua equiparação com os funcionários públicos porque, no sentido adotado pela legislação penal, aquele que, mesmo transitória e graciosamente, exerce função pública, sujeita-se ao regime jurídico aplicável na seara criminal, tanto passiva quanto ativamente.

Assim, o árbitro pode ser sujeito ativo ou sujeito passivo dos crimes que tenham a figura do funcionário público como elementar do tipo.

3. Responsabilização criminal geral

O árbitro, então, pode ser sujeito ativo ou passivo de crimes como particular em colaboração com a administração ou sem que essa condição seja elementar do tipo.

Desse modo, importante verificar se a conduta se ajusta a uma ou outra espécie de tipificação, prevalecendo a norma especial apenas caso a elementar do tipo esteja presente.

4. Responsabilidade civil

A doutrina entende que o árbitro só responde civilmente por danos causados às partes em razão de erros de procedimento injustificáveis e não por erros de julgamento, salvo dolo ou fraude comprovados.

Há aqui paralelo com as decisões judiciais e um esforço para preservar as decisões arbitrais que, formalmente válidas, não se submetem a controle da jurisdição estatal quanto ao seu conteúdo.

Quanto à responsabilidade de instituições arbitrais, que administrem o procedimento, é possível por falha na prestação de seus serviços; discutível, porém, no que se refere aos atos praticados pelos árbitros, especialmente para casos em que não tenham vínculos com a instituição e em que haja expressa exclusão, convencional ou regulamentar, de sua responsabilidade.

Art. 18 – O **árbitro é juiz** de fato e de direito, e a **sentença** que proferir **não fica sujeita** a recurso ou a homologação pelo Poder Judiciário.

1. Natureza jurisdicional da arbitragem

O debate sobre a natureza da arbitragem quanto à sua causa e quanto aos seus efeitos foi realizado no início deste livro, restando definido que a arbitragem, pelo ângulo da causa, tem natureza contratual, e pelo ângulo dos efeitos tem natureza jurisdicional.

Nesse momento, importante retomar a natureza pelo segundo aspecto, da arbitragem como expressão jurisdicional, já que o dispositivo legal nada faz além de derivar logicamente da natureza a condição do árbitro.

O árbitro, diz a lei, é juiz de fato e de direito.

1.1. Árbitro tem os mesmos poderes decisórios do juízo estatal

O árbitro é o juiz da causa, com os mesmos poderes decisórios do juiz estatal, sem restrições para sua competência (STJ. MS 11.308).

2. Equivalência da sentença arbitral

Analisada a lei, poder-se-ia concluir erroneamente que o árbitro é, de fato e de direito, juiz.

A rigor, no entanto, o árbitro não é juiz de fato e de direito, mas juiz do fato e do direito que lhe são submetidos.

O árbitro equipara-se ao juiz, mas não se iguala a ele, em quaisquer aspectos.

Os direitos, deveres, sujeições, prerrogativas, poderes, faculdades e garantias do juiz não são em nada aproximados do que o árbitro tem ao seu alcance.

A equiparação é válida apenas para a devida qualificação dos atos puramente cognitivos do árbitro, isto é, desprovidos de caráter coercitivo e executivo, porque estes últimos são exclusivos da jurisdição judicial.

No processo de cognição, portanto, o árbitro é o juiz competente para decidir acerca do fato e do direito que lhe foram submetidos.

Pode, inclusive, conceder, confirmar ou cassar tutelas provisórias, cuja execução, porém, dependerá do juízo estatal.

A sentença arbitral, bem por isso, equivale à sentença judicial, como título executivo judicial, produzindo efeitos imediatos, inclusive perante registros públicos, não se sujeitando à reforma no mérito ou ao reconhecimento por homologação, salvo se estrangeira, nem mesmo à rescisória.

Depende, no entanto, para seu cumprimento forçado, da intervenção da jurisdição judicial, ocasião em que sua validade formal poderá ser contestada, assim como o pode em ação própria.

Ressalte-se, por fim, que o alcance dos poderes do árbitro deriva da autorização das partes e, portanto, nada impede que as partes, livremente, o restrinjam inclusive para a prática apenas de atos decisórios definitivos e para admitir sua revisão por órgãos próprios.

2.1. Dispensa de dupla homologação

A sentença arbitral foi equiparada à sentença judicial, dispensando-se, com isso, a dupla homologação da sentença arbitral estrangeira (STF. ARSE 5.206).

2.2. Questões de concurso

2.2.1. *A sentença arbitral é título executivo judicial irrecorrível, só homologável se estrangeira.*

- *CESPE. TRF – 2ª REGIÃO. 2011. Juiz Federal.*

  A arbitragem constitui-se em método previsto no direito internacional e no direito brasileiro para a resolução de controvérsias. A legislação brasileira que trata da arbitragem foi elaborada tendo como parâmetro o modelo de arbitragem internacional das Nações Unidas. Assinale a opção correta, tendo como parâmetro a lei que regula, no Brasil, a arbitragem (Lei n.º 9.307/1996).

  A) A escolha dos árbitros é feita pelo magistrado da causa.

  B) A sentença arbitral não está sujeita à homologação do Poder Judiciário para surtir efeitos entre as partes.

  C) Qualquer matéria está sujeita à arbitragem no Brasil.

  D) O árbitro é escolhido entre os magistrados de carreira da comarca onde a contenda surgir.

  E) A arbitragem pode ser compulsória, nos casos previstos em lei.

  Resposta: letra B.

- *VUNESP. TJ-SP. 2013. Juiz de Direito.*

  Acerca da arbitragem, é correto dizer que

  A) é nula a sentença arbitral quando o julgamento de mérito nela contido contrariar lei federal ou alterar a verdade dos fatos.

  B) a nulidade do contrato no qual se estipulou a cláusula arbitral implica, necessariamente, a nulidade da cláusula compromissária.

  C) a sentença arbitral brasileira não fica sujeita a recurso ou a homologação pelo Poder Judiciário.

  D) somente o Poder Judiciário pode decidir acerca da validade e eficácia da convenção de arbitragem e do contrato que contenha a cláusula compromissória, de sorte que, em caso de tal alegação, o Tribunal Arbitral deve submeter a questão ao juiz togado competente.

  Resposta: letra C.

- *IBFC. TJ-PR. 2014. Titular de Serviços de Notas e de Registros.*

  Assinale a alternativa correta:

  A) Via de regra, a impugnação ao cumprimento da sentença não terá efeito suspensivo, o qual, todavia, poderá ser conferido pelo juiz se os fundamentos do pedido forem relevantes, ou caso o prosseguimento da execução seja manifestamente suscetível de causar ao executado grave dano de difícil ou incerta reparação

B) Quando a sentença contiver uma parte líquida e outra ilíquida, o credor deve primeiro promover a liquidação desta, antes do que não será lícito pedir o seu cumprimento, seja no todo, ou mesmo apenas na parte líquida.

C) Iniciado o cumprimento da sentença e lavrado o auto de penhora e de avaliação, deverá ser promovida a intimação pessoal do devedor, independentemente de possuir advogado constituído nos autos

D) A sentença arbitral é considerada título executivo judicial.

Resposta: letra D.

2.2.2. A sentença arbitral produz coisa julgada, possui protestabilidade e registrabilidade.

- *IESES. TJ-MA. 2016. Titular de Serviços de Notas e de Registros.*

Considere as sentenças abaixo e assinale a alternativa correta:

I. A possibilidade de protesto de uma sentença arbitral está condicionada à prévia homologação pelo Poder Judiciário.

II. A sentença arbitral, por não produzir efeitos de coisa julgada, não pode ser levada a registro quando tratar de direitos reais sobre bens imóveis.

III. O árbitro, por não possuir poderes de coerção, não pode proferir sentença arbitral determinando a divisão de um imóvel.

A) Todas as afirmações estão incorretas.

B) Apenas I e II estão corretas.

C) Apenas III está correta

D) Todas as afirmações estão corretas

Resposta: letra A.

Capítulo IV
Do Procedimento Arbitral

Art. 19 – Considera-se **instituída a arbitragem** quando **aceita a nomeação** pelo árbitro, se for único, ou por todos, se forem vários.

§ 1º Instituída a arbitragem e entendendo o árbitro ou o tribunal arbitral que há necessidade de **explicitar questão** disposta na convenção de arbitragem, será elaborado, juntamente com as partes, **adendo** firmado por todos, que passará a fazer **parte integrante** da convenção de arbitragem.

§ 2º A instituição da arbitragem **interrompe** a prescrição, **retroagindo** à data do requerimento de sua instauração, **ainda que extinta** a arbitragem por ausência de jurisdição.

1. Instituição da arbitragem

Ao contrário do que diz a letra fria da lei, o capítulo que se inicia com o artigo 19 trata do processo arbitral, expressão da plenitude da jurisdição arbitral, em que se desenvolve a relação entre partes e árbitros, representantes e assistentes.

Ocorrido o litígio, deve a parte dirigir requerimento a quem de direito, na forma estabelecida na convenção arbitral ou em regras institucionais, para que o processo seja inaugurado.

Considera-se instaurado o processo arbitral com o que a lei denomina de instituição, que decorre da aceitação da nomeação por meio de ato personalíssimo de cada árbitro.

2. Organização da arbitragem

Aceita a nomeação pelo árbitro, segue-se a organização do processo que, ante a necessidade, constatada pelo árbitro, de explicitar a convenção arbitral, poderá, inclusive, conduzir à elaboração de adendo, doutrinariamente conhecido como termo de arbitragem ou ata de missão, ato acessório que, assinado por partes e árbitro, integrará a convenção, podendo delimitar a controvérsia e fixar regras de procedimento.

O adendo pode ter natureza substantiva ou adjetiva, a depender de servir como instrumento para complementar ou alterar a cláusula compromissória ou para fixar regras de procedimento.

3. Efeitos da instituição da arbitragem

A instituição da arbitragem interrompe a prescrição retroativamente à data de apresentação do requerimento, ainda que extinta a arbitragem por ausência de jurisdição.

Além disso, induz litispendência, torna a coisa litigiosa, fixa a jurisdição arbitral, servindo de termo inicial para a contagem do prazo para a prolação da sentença.

Instituída a arbitragem, fica afastada a jurisdição estatal, o que não significa de maneira alguma a abdicação de direitos e garantias fundamentais, exigíveis, inclusive por força da própria lei em seu artigo 21.

3.1. Incompetência do juízo estatal

Deve ser anulado ato judicial posterior à instituição da arbitragem (STJ. EDcl – REsp 1.297.974).

3.2. Questões de concurso

- *IESES. TJ-MA. 2016. Titular de Serviços de Notas e de Registros.*

Após a leitura das alternativas abaixo, identifique a afirmação correta:

I. Instituída a arbitragem e entendendo o árbitro ou o tribunal arbitral que há necessidade de explicitar questão disposta na convenção de arbitragem, será elaborado, juntamente com as partes, adendo firmado por todos, que passará a fazer parte integrante da convenção de arbitragem.

II. A instituição da arbitragem interrompe a prescrição, retroagindo à data do requerimento de sua instauração, ainda que extinta a arbitragem por ausência de jurisdição.

III. Poderá o árbitro ou o tribunal arbitral tomar o depoimento das partes, ouvir testemunhas e determinar a realização de perícias ou outras provas que julgar necessárias, mediante requerimento das partes ou de ofício.

IV. O depoimento das partes e das testemunhas será tomado em local, dia e hora previamente comunicados, por escrito, e reduzido a termo, assinado somente pelo depoente.

A sequência correta é:

A) Apenas a assertiva III está correta.

B) Apenas as assertivas I, II e III estão corretas.

C) Apenas as assertivas I e II estão corretas.

D) As assertivas I e IV estão corretas.

Resposta: letra B.

- *FAURGS. TJ-RS. 2015. Titular de Serviços de Notas e de Registros.*

Assinale a alternativa que contém afirmativa incorreta quanto à arbitragem no Direito Brasileiro.

A) A cláusula compromissória inserida em determinado contrato não possui caráter acessório a esse, de modo que a nulidade do contrato implicará a nulidade da referida cláusula.

B) A instituição da arbitragem interrompe a prescrição, retroagindo à data do requerimento de sua instauração, ainda que extinta a arbitragem por ausência de jurisdição.

C) Instituída a arbitragem, caberá aos árbitros manter, modificar ou revogar a medida cautelar ou de urgência concedida pelo Poder Judiciário.

D) Os árbitros poderão não proferir sentenças parciais.

Resposta: letra A.

Art. 20 – A parte que pretender **arguir questões** relativas à **competência, suspeição ou impedimento** do árbitro ou dos árbitros, bem como **nulidade,**

invalidade ou ineficácia da convenção de arbitragem, deverá fazê-lo na **primeira oportunidade** que tiver de se manifestar, após a instituição da arbitragem.

§ 1º **Acolhida a arguição** de suspeição ou impedimento, será o árbitro **substituído** nos termos do art. 16 desta Lei, reconhecida a incompetência do árbitro ou do tribunal arbitral, bem como a nulidade, invalidade ou ineficácia da convenção de arbitragem, serão as partes **remetidas ao órgão** do Poder Judiciário competente para julgar a causa.

§ 2º **Não sendo acolhida** a arguição, terá **normal prosseguimento** a arbitragem, sem prejuízo de **vir a ser examinada** a decisão pelo órgão do Poder Judiciário competente, quando da **eventual propositura** da demanda de que trata o art. 33 desta Lei.

1. Arguição de vícios

Cabe à parte interessada promover a arguição de vícios que maculem a arbitragem, seja por afetarem seus árbitros, que demonstrem sua incompetência, dependência ou parcialidade, suspeição ou impedimento, seja por afetarem a convenção arbitral, atingindo pressupostos de existência, requisitos de validade ou elementos de eficácia.

A arguição de vícios que afetem os árbitros importa em recusa de participação no processo arbitral e consequente substituição e deve observar os artigos 13, 14 e 15, a cujos comentários mais aprofundados remeto o leitor.

A arguição de vícios que afetem a convenção arbitral importa em rejeição da jurisdição arbitral e consequente afirmação da jurisdição estatal e deve observar os artigos 8, 9 e 10, a cujos comentários mais aprofundados remeto o leitor.

O importante nesse passo é que deve militar em favor da arbitragem a presunção de validade e eficácia da convenção arbitral e capacidade e confiabilidade dos árbitros, cabendo à parte que alega tais vícios apresentar prova irrefutável.

2. Prazo preclusivo

A lei estabelece que a parte interessada na declaração do vício deve promover a arguição na primeira oportunidade, assim entendido o primeiro momento em que lhe couber falar.

Embora não haja propriamente um prazo legal, porque inexistente termo inicial e final, fato é que o momento para a manifestação é bem marcado e ausência de arguição salvo situações extremas, importa em preclusão, projetando-se inclusive para além do processo arbitral, impedindo que a questão não suscitada seja discutida.

2.1. Momento da arguição

A ausência de arguição vício na primeira oportunidade importa em preclusão, impedindo sua análise no juízo estatal (STJ. SEC 856).

A arguição de recusa por ausência de imparcialidade ou independência deve ser feita durante o processo arbitral sob pena de inadmissibilidade no processo judicial (STJ. SEC 9.714; REsp 1.176.734).

3. Competência para julgar

A decisão acerca da arguição de recusa é do juízo arbitral, observadas a convenção das partes ou as regras institucionais, que pode, inclusive, prever órgão arbitral diverso.

Veda-se, porém, em respeito à jurisdição arbitral, a intervenção do juízo estatal no curso do processo arbitral, admitindo-se, apenas, que ocorra quando do ajuizamento de eventual ação de nulidade da sentença arbitral nacional ou do processo de homologação da sentença estrangeira ou de impugnação oferecida no procedimento de cumprimento de ambas.

3.1. Incompetência judicial

A jurisdição arbitral deve ser preservada mesmo que decorra de acordo judicial cuja validade se discuta (STJ. REsp 1.288.251; REsp 1.302.900).

O juízo estatal só pode apreciar a alegação de vício na arbitragem após a prolação da sentença arbitral (STJ. SEC 349).

A apreciação de vícios pelo juízo estatal de ofício é inadmissível (STJ. REsp 1.082.498).

4. Efeitos da decisão arbitral

A decisão pode acolher ou desacolher a arguição de vícios na arbitragem, gerando efeitos diversos conforme o caso.

Acolhida a arguição de vícios que afetem a capacidade e confiabilidade do árbitro, o efeito da decisão será o de afastá-lo do processo e promover sua substituição nos termos do artigo 16 da lei.

Acolhida a arguição de vícios que afetem a convenção arbitral, o efeito da decisão será o de extinguir o processo, remetendo as partes para que resolvam suas demandas perante o juízo estatal competente nos termos da lei processual civil.

Desacolhida a arguição de vícios quaisquer que sejam, prosseguirá o processo arbitral, não se operando, todavia, preclusão quanto às alegações, permitindo-se às partes que as sustentem, após a sentença arbitral, em ação de nulidade de sentença nacional, em processo de homologação de sentença estrangeira ou em impugnação ao cumprimento de sentença, nacional ou estrangeira.

Art. 21 – A arbitragem **obedecerá ao procedimento estabelecido** pelas partes na **convenção** de arbitragem, que poderá reportar-se às **regras** de um órgão arbitral institucional ou entidade especializada, facultando-se, ainda, às partes delegar ao **próprio árbitro**, ou ao tribunal arbitral, regular o procedimento.

§ 1º **Não havendo** estipulação acerca do procedimento, caberá **ao árbitro** ou ao tribunal arbitral discipliná-lo.

§ 2º Serão, **sempre**, respeitados no procedimento arbitral **os princípios** do contraditório, da igualdade das partes, da imparcialidade do árbitro e de seu livre convencimento.

§ 3º As partes **poderão** postular por intermédio de **advogado**, respeitada, sempre, a **faculdade de designar** quem as represente ou assista no procedimento arbitral.

§ 4º Competirá ao árbitro ou ao tribunal arbitral, no **início** do procedimento, tentar a **conciliação** das partes, aplicando-se, no que couber, o art. 28 desta Lei.

1. Processo arbitral

O processo arbitral regula-se pelas disposições previstas na convenção arbitral, em regras institucionais ou no que deliberar o árbitro, tudo a depender da vontade expressa ou tácita das partes, presumindo-se que ao árbitro deixaram a decisão quando omitirem-se.

Fundado na autonomia privada, assim, o processo arbitral não tem de obedecer, necessariamente, as regras da lei processual civil, ainda que dotadas de cogência.

1.1. Garantias fundamentais da parte

Instituição do juízo arbitral não implica abdicação das garantias da parte (STF. AgR-SE 5.206-7).

1.2. Questão de concurso

- *FAURGS. TJ-RS. 2015. Titular de Serviços de Notas e de Registros.*

Assinale a alternativa que contém afirmativa correta sobre arbitragem no Direito Brasileiro.

A) As partes, de comum acordo, não poderão afastar a aplicação de dispositivo do regulamento do órgão arbitral institucional ou entidade especializada que limite a escolha do árbitro único, coárbitro ou presidente do tribunal à respectiva lista de árbitros, autorizado o controle da escolha pelos órgãos competentes da instituição, sendo que, nos casos de impasse e arbitragem multiparte, deverá ser observado o que dispuser o regulamento aplicável.

B) O compromisso arbitral não é autônomo em relação ao contrato no qual estiver inserido, de tal sorte que a nulidade deste implicará a nulidade daquele.

C) O árbitro precisa ter formação jurídica, e as partes podem escolhê-lo de acordo com a especialidade técnica que seja mais útil à solução da questão em concreto.

D) Reportando-se as partes, na cláusula compromissória, às regras de algum órgão arbitral institucional ou entidade especializada, a arbitragem será instituída e processada de acordo com tais regras, podendo, igualmente, as partes estabelecerem, na própria cláusula ou em outro documento, a forma convencionada para a instituição da arbitragem.

Resposta: letra D.

1.3. Princípios do processo arbitral

Deverá sempre observar, no entanto, a incidência plena dos princípios informadores de todos os tipos de processo, princípios que, aliás, possuem assento constitucional e se direcionam à concretização de um processo justo.

Assim, o processo arbitral deverá dar efetividade ao contraditório (e ampla defesa, embora não conste da lei) e à igualdade entre as partes, bem como à imparcialidade e ao livre convencimento dos árbitros.

A infração aos princípios para o processo justo é tão grave que implica invalidade com a consequente declaração judicial de nulidade ou denegação do pedido de homologação da sentença arbitral.

1.4. Contraditório e igualdade entre as partes

O contraditório consiste na participação plena e efetiva e na informação completa e verdadeira, possibilitando que as partes colaborem para a formação do conjunto probatório, sem desconsiderar que a prova há de ser necessária, útil e pertinente ao processo.

A igualdade consiste na oferta da mesma oportunidade para as partes, não se admitindo que haja a aplicação de hipóteses de prazos distintos pela qualidade de uma delas ou pela natureza de seus interesses, sempre ressalvada a circunstância concreta e deliberação livre das partes quanto a isso.

1.4.1. Vícios da citação

É inadmissível a homologação judicial sem prova de citação válida do processo arbitral (STJ. SEC 833).

A citação não tem de seguir a lei processual e, portanto, a citação de réu situado no país não tem de ser por rogatória (STJ. SEC 3.660; SEC 3.661).

A participação no processo arbitral impede a alegação de vício na citação (STJ. SEC 831).

1.5. Imparcialidade e livre convencimento do árbitro

A imparcialidade consiste na equidistância, independência e não influência, lembrando que o árbitro é terceiro imparcial, desinteressado em algo que não seja a concretização da justiça no caso.

O árbitro julga, então, conforme seu livre convencimento, deixando-se persuadir pela razão, motivando sua decisão com base no que consta dos autos, nos limites e possibilidades da regra de direito escolhida para o processo, observando-se a ordem pública, especialmente quanto à admissibilidade da prova.

2. Defesa técnica

As partes têm direito à plenitude da defesa, podendo, de tal maneira, atuar por intermédio de advogados e fazer uso de assistentes técnicos.

A representação é, nos termos da lei, todavia, direito, faculdade, que não vicia o processo arbitral por sua ausência em razão de deliberação livre da parte.

3. Conciliação prévia

No início do processo arbitral, a resolução consensual entre as partes deve ser buscada pelo árbitro que, atingida, poderá ser homologada por sentença arbitral a pedido das partes.

Apesar de incisiva a linguagem legal, porém, não chega ao ponto de atribuir vício apto a justificar a anulação da arbitragem.

Art. 22 – Poderá o árbitro ou o tribunal arbitral tomar o depoimento das partes, ouvir testemunhas e determinar a realização de perícias ou outras **provas** que julgar necessárias, mediante **requerimento** das partes ou **de ofício**.

§ 1º O depoimento das partes e das testemunhas será tomado em local, dia e hora **previamente comunicados**, por escrito, e reduzido a termo, **assinado** pelo depoente, ou a seu rogo, e pelos árbitros.

§ 2º Em caso de **desatendimento**, sem justa causa, da convocação para prestar depoimento pessoal, o árbitro ou o tribunal arbitral **levará em consideração** o comportamento da parte faltosa, ao proferir sua sentença; se a ausência for de testemunha, nas mesmas circunstâncias, poderá o árbitro ou o presidente do tribunal arbitral **requerer** à autoridade judiciária que **conduza** a testemunha renitente, comprovando a **existência da convenção** de arbitragem.

§ 3º A **revelia** da parte **não impedirá** que seja proferida a **sentença** arbitral.

§ 4º (REVOGADO).

§ 5º Se, durante o procedimento arbitral, um árbitro vier a ser substituído fica a critério do **substituto repetir as provas** já produzidas.

1. Produção de provas

A produção de provas pode ser determinada pelo árbitro, com ou sem requerimento das partes.

O ônus da prova é questão de direito material, devendo ser observada, portanto, a lei escolhida pelas partes para a resolução da demanda.

Por sua singularidade, a lei preocupa-se especialmente com a prova oral.

Depoimentos e testemunhos deverão ser produzidos em local, dia e hora previamente comunicados por escrito às partes e, após, reduzida a termo que deve ser assinado pela testemunha ou depoente e pelos árbitros.

Se a testemunha ou depoente não souberem ou não puderem assinar, deve ser lançada a assinatura por terceiro que, de sua confiança, ateste a circunstância e assegure que o dito ali foi por eles prestado.

A ausência das partes e de terceiros tem implicações diversas.

1.1. Indeferimento de prova pericial

O indeferimento de perícia é questão de mérito e não pode ser apreciado pelo juízo estatal (STJ. REsp 1.500.667).

2. Ausência do depoente

Ausentando-se o depoente, justificadamente, poderá o árbitro designar sua oitiva em outra ocasião.

Ausentando-se injustificadamente, todavia, o árbitro poderá considerar a circunstância desfavoravelmente ao faltoso na ocasião da prolação da sentença.

3. Ausência da testemunha

Se a ausência, porém, for de testemunha, a solução muda de maneira radical, já que não há direito a sofrer consequências, mas dever de prestar auxílio ao juízo arbitral na busca da verdade.

Assim, ausentando-se a testemunha, pode o árbitro lançar mão de determinar sua condução coercitiva que só se efetivará através de ordem do juízo estatal em atendimento à solicitação nesse sentido contida na carta arbitral, no âmbito da colaboração entre as jurisdições.

3.1. Questão de concurso

- *FUNDEP (Gestão de Concursos). MPE-MG. 2018. Promotor de Justiça.*

  Assinale a alternativa incorreta sobre a Arbitragem (Lei n. 9.307/96):

  A) A arbitragem é um procedimento em contraditório, com observância à ampla defesa e à imparcialidade do árbitro, e que, ao final, é proferida sentença, que vincula as partes e é título executivo judicial.

  B) O árbitro pode tomar o depoimento das partes, ouvir testemunhas e determinar a realização de perícias ou outras provas que julgar necessárias, mediante requerimento das partes, sendo vedado, pela lei, a determinação, de ofício, de produção de prova pericial.

  C) A parte interessada poderá buscar a invalidação da sentença arbitral perante o Poder Judiciário. A ação deverá ser proposta no prazo de até 90 (noventa) dias após o recebimento da notificação da respectiva sentença, parcial ou final, ou da decisão do pedido de esclarecimentos.

  D) A administração pública direta e indireta poderá utilizar-se da arbitragem para dirimir conflitos relativos a direitos patrimoniais disponíveis. Nesse caso, por exigência da própria lei, a arbitragem será sempre de direito e respeitará o princípio da publicidade.

  Resposta: letra B.

4. Revelia

A parte demandada deve ser citada conforme as regras convencionais ou institucionais ou ainda conforme o que regulou o árbitro para tomar conhecimento da demanda e responder aos seus termos.

A preclusão própria da lei processual civil pode ser flexibilizada pelas regras do processo arbitral e, de tal maneira, a revelia como só a passagem do prazo sem defesa do demandado pode não ocorrer.

Tudo dependerá das regras fixadas direta ou indiretamente pelas partes para o processo arbitral.

É entendimento doutrinário que a presunção de veracidade contra o revel não se aplica por ausência de lei expressa nesse sentido.

De outro lado, há lei expressa no sentido de que a revelia não impede que se prossiga no julgamento da demanda.

5. Repetição de provas

A lei prevê a hipótese excepcional de repetição de provas já produzidas a critério daquele que vier a substituir um árbitro, coerentemente com o respeito devido ao princípio do livre convencimento do substituto que, investido, tem iguais direitos, deveres e poderes do substituído e, portanto, não tem de se submeter a nada além de suas percepções do caso.

6. Julgamento antecipado

O julgamento antecipado proferido em processo arbitral é possível desde que não sejam feridos os princípios informadores e não haja expressa vedação nas regras convencionais ou institucionais.

Capítulo IV-A
Das Tutelas Cautelares e de Urgência

Art. 22-A – **Antes** de instituída a arbitragem, as partes poderão recorrer ao Poder **Judiciário** para a concessão de medida **cautelar ou de urgência**.

Parágrafo único. **Cessa a eficácia** da medida cautelar ou de urgência se a parte interessada **não requerer** a instituição da arbitragem **no prazo** de 30 (trinta) dias, contado da data de efetivação da respectiva decisão.

1. Nova disciplina legal

A lei foi alterada para revogar o parágrafo quarto do artigo 22 e inserir três novos artigos que em seguida são comentados.

Este e o próximo vieram em substituição ao parágrafo revogado, dando o juízo arbitral a competência para conceder, cassar ou manter tutelas provisórias que anteriormente deveriam ser sempre solicitadas ao juízo estatal.

2. Tutelas provisórias antecedentes

Antes de instituída a arbitragem, a jurisdição judicial é plena, devendo as partes recorrerem ao juízo estatal para obtenção de eventual medida que provisoriamente tutele o processo ou objeto.

Cabe, portanto, ao juízo estatal a concessão de medida de urgência, cautelar ou antecipada, até que se institua a arbitragem com a aceitação da nomeação pelo árbitro.

As tutelas antecedentes aqui referidas não se confundem com os pedidos judiciais de concessão de medidas liminares que tenham a finalidade de impedir a instauração e processamento da arbitragem (anti-suit injunction).

Tais medidas são rechaçadas majoritariamente pela doutrina, admitindo, parte dela, apenas em situações extremas.

2.1. Competência para tutelas provisórias

A tutela provisória deve ser pedida ao juízo estatal se a arbitragem estiver impossibilitada (STJ. REsp 1.297.974).

A decisão deve ser prontamente encaminhada ao árbitro tão logo da instituição (STJ. AgCC 116.395).

2.2. Questão de concurso

- *FCC. PGE-SP. 2012. Procurador do Estado.*

  Considere as afirmativas:

  I. (...)

  II. Enquanto não instaurada a arbitragem, o Poder Judiciário é competente para julgar questões urgentes veiculadas em medida cautelar.

  III. (...)

  IV. (...)

  Resposta: dentre as opções apresentadas a única possível era a que continha o item II como correto.

3. Tutela de evidência

A concessão de tutela de evidência pelo juízo estatal é, no entanto, duvidosa possibilidade já que importa em adiantamento sobre o mérito da demanda que as partes escolheram submeter voluntariamente ao juízo arbitral.

4. Eficácia temporal da medida

Cessa a eficácia da tutela de urgência se a parte não requerer a instituição da arbitragem ou não ingressar com ação de execução específica no prazo de trinta dias, havendo entendimento doutrinário no sentido de serem corridos.

Art. 22-B – **Instituída** a arbitragem, **caberá aos árbitros** manter, modificar ou revogar a medida cautelar ou de urgência concedida pelo Poder Judiciário.

Parágrafo único. Estando **já instituída** a arbitragem, a medida cautelar ou de urgência será **requerida diretamente** aos árbitros.

1. Assunção de competência pelo juízo arbitral

Aceita a nomeação pelo árbitro, estabelece-se a jurisdição arbitral, cessando a competência do juízo estatal, inclusive para as medidas concessivas de tutela de urgência já concedidas, permanecendo, todavia, a competência para a efetivação material dos comandos nelas contidos.

Ao juízo arbitral, dessa maneira, entrega-se a decisão sobre as medidas concedidas antecedentemente, podendo mantê-las, parcial ou totalmente, ou simplesmente cassá-las.

1.1. Incompetência judicial superveniente

É absolutamente incompetente o juízo estatal para a concessão de tutelas provisórias após a instituição da arbitragem (STJ. REsp 1.297.974; AgCC 116.395).

1.2. Questão de concurso

- *FAURGS. TJ-RS. 2015. Titular de Serviços de Notas e de Registros.*

  Assinale a alternativa que contém afirmativa **incorreta** quanto à arbitragem no Direito Brasileiro.

  A) A cláusula compromissória inserida em determinado contrato não possui caráter acessório a esse, de modo que a nulidade do contrato implicará a nulidade da referida cláusula.

  B) A instituição da arbitragem interrompe a prescrição, retroagindo à data do requerimento de sua instauração, ainda que extinta a arbitragem por ausência de jurisdição.

  C) Instituída a arbitragem, caberá aos árbitros manter, modificar ou revogar a medida cautelar ou de urgência concedida pelo Poder Judiciário.

  D) Os árbitros poderão não proferir sentenças parciais.

  Resposta: letra A.

▶ Cuidado. A cláusula não possui caráter acessório e, por conseguinte, a nulidade do contrato **não** implica a nulidade da cláusula. As demais questões estão corretíssimas, especialmente a última já que, quem pode proferir sentenças parciais, pode não proferir.

---

2. Tutela incidente de urgência e de evidência

Além das tutelas antecedentes, ao juízo arbitral confere a jurisdição plena para apreciar os pedidos de concessão de tutela incidente, isto é, sobre aquelas que dali em diante forem solicitadas pelas partes.

Acrescente-se que, diferentemente do juízo estatal, ao juízo arbitral permite-se a concessão de tutela de urgência e, também, de evidência, posto ter jurisdição plena para a apreciação do mérito da demanda.

Capítulo IV-B
Da Carta Arbitral

Art. 22-C – O árbitro ou o tribunal arbitral poderá expedir **carta arbitral** para que o órgão jurisdicional nacional **pratique ou determine o cumprimento**, na área de sua competência territorial, de **ato solicitado** pelo árbitro.

Parágrafo único. No cumprimento da carta arbitral será **observado o segredo** de justiça, desde que **comprovada a confidencialidade** estipulada na arbitragem.

1. Carta arbitral

Carta arbitral é o meio pelo qual a jurisdição arbitral se comunica com a jurisdição judicial solicitando sua cooperação na efetivação de medida que demande coercibilidade, entregue apenas ao juízo estatal em razão do poder de império em que investido.

A natureza é, portanto, de mecanismo de cooperação entre jurisdições, não havendo que se falar em precatórias, rogatórias ou cartas de ordem arbitrais.

Deve-se observar a competência territorial e, evidentemente, material e funcional do juízo estatal ao qual se solicita a efetivação da medida.

Havendo confidencialidade ajustada entre as partes, devidamente comprovada, impõe-se ao juízo estatal o segredo de justiça.

Inobstante isso, há de se lembrar que a arbitragem é meio privado, não público, e, pois, há limites naturais para a publicidade, ainda que não convencionada a confidencialidade e que se processe medida em juízo estatal.

A carta deve observar os requisitos previstos na lei processual civil referentes às cartas em geral.

1.1. Questões de concurso

- *IESES. TJ-MA. 2016. Titular de Serviços de Notas e de Registros.*

No curso de um procedimento arbitral envolvendo a cobrança de expressivos valores alegadamente devidos pela Requerida, surgiram indícios de que esta se encontraria em vias de alienar a maior parte de seu patrimônio, comprometendo o cumprimento de eventual sentença arbitral condenatória. Diante disso, a Requerente pleiteou aos árbitros que determinassem a indisponibilidade de determinado bem imóvel da Requerida. Sendo acolhido o pedido da Requerente, assinale a alternativa correta a respeito da providência a ser tomada pelos árbitros para tornar indisponível o bem imóvel em questão:

A) Os árbitros devem expedir uma carta arbitral para que o órgão jurisdicional do foro competente determine a indisponibilidade do bem imóvel da Requerida, sendo a decisão judicial comunicada ao Oficial de Registro de Imóveis para que proceda à devida averbação.

B) Os árbitros devem expedir uma carta de ordem para que o órgão jurisdicional do foro competente determine a indisponibilidade do bem imóvel da Requerida, sendo a decisão judicial comunicada ao Oficial de Registro de Imóveis para que proceda à devida averbação.

C) Os árbitros devem expedir uma carta precatória para que o órgão jurisdicional do foro competente determine a indisponibilidade do bem imóvel da Requerida, sendo a decisão judicial comunicada ao Oficial de Registro de Imóveis para que proceda à devida averbação.

D) Os árbitros devem expedir uma carta rogatória para que o órgão jurisdicional do foro competente determine a indisponibilidade do bem imóvel da Requerida, sendo a decisão judicial comunicada ao Oficial de Registro de Imóveis para que proceda à devida averbação.

Resposta: letra A.

Embora seja a única hipótese que reste, ante o erro crasso e evidente das demais, há entendimento forte no sentido de a decisão arbitral teria acesso ao registro independentemente de apelo ao juízo estatal.

- *CESPE. PGE-SE. 2017.Procurador do Estado.*

Duas sociedades empresárias firmaram contrato que contém cláusula compromissária de convenção de arbitragem com a previsão de que eventual litígio de natureza patrimonial, referente ao contrato, deveria ser submetido a tribunal arbitral.

Nessa situação hipotética, caso seja instaurado procedimento arbitral,

A) o magistrado poderá, de ofício, reconhecer a existência de convenção de arbitragem e extinguir o processo sem resolução do mérito, se o litígio referente ao contrato também for levado ao Poder Judiciário.

B) em eventual execução judicial de sentença arbitral, será vedado ao réu arguir nulidade da decisão arbitral por meio de impugnação ao cumprimento de sentença, devendo o interessado utilizar ação própria para esse fim.

C) as partes não estarão obrigadas a se submeter a esse procedimento, uma vez que a convenção de arbitragem é nula, por excluir da apreciação jurisdicional ameaça ou lesão a direito.

D) a opção feita pelas partes pela arbitragem deverá ser considerada legítima, e a sentença do árbitro, título executivo extrajudicial, conforme o CPC.

E) eventual cumprimento de carta arbitral no Poder Judiciário, referente ao caso, deverá tramitar em segredo de justiça, se houver comprovação de confidencialidade da arbitragem.

Resposta: letra E.

- *Orhion Consultoria. Prefeitura de Jaguariúna – SP. 2018. Procurador Jurídico.*

No tocante aos atos processuais, assinale a alternativa incorreta:

A) Os atos processuais em que exija o interesse público ou social tramitam em segredo de justiça.

B) Os atos processuais que versem sobre casamento, separação de corpos, divórcio, separação, união estável, filiação, alimentos e guarda de crianças e adolescentes tramitam em segredo de justiça.

C) Os atos processuais em que constem dados protegidos pelo direito constitucional à intimidade tramitam em segredo de justiça.

D) Os atos processuais que versem sobre arbitragem, excluindo-se o cumprimento de carta arbitral, desde que a confidencialidade estipulada na arbitragem seja comprovada perante o juízo tramitam em segredo de justiça.

Resposta: letra D.

- *IADES. APEX Brasil. 2018.Analista Jurídico.*

Conforme dispõe o Código de Processo Civil, tramitam em segredo de justiça os processos

A) em que seja parte Estado estrangeiro ou pessoa jurídica de direito público externo.

B) que versem sobre arbitragem, inclusive sobre cumprimento de carta arbitral, desde que a confidencialidade estipulada na arbitragem seja comprovada perante o juízo.

C) em que seja parte associação qualificada como serviço social autônomo.

D) nos quais o valor da causa é superior a 40 salários mínimos vigentes à época da propositura da ação.

E) em que se discute a aplicação de direito estrangeiro incidente sobre contratos internacionais.

Resposta: letra B

Capítulo V
Da Sentença Arbitral

Art. 23 – A **sentença arbitral** será proferida no **prazo estipulado** pelas partes. **Nada tendo** sido convencionado, o prazo para a apresentação da sentença é de **seis meses**, contado da instituição da arbitragem ou da substituição do árbitro.

§ 1º Os árbitros poderão proferir **sentenças parciais.**

§ 2º As partes e os árbitros, de comum acordo, **poderão prorrogar** o prazo para proferir a sentença final.

1. Conceito e natureza da sentença arbitral

Na condução do processo arbitral, o árbitro pode praticar diversos atos que tenham ou não carga decisória, assim entendidos os atos que resolvem uma controvérsia.

Ao dar simples impulso ao processo, o árbitro pratica atos desprovidos de carga decisória.

Todavia, ao responder às partes acerca de ponto divergente, pratica atos com carga decisória, escolhe entre possíveis soluções em favor de um e em desfavor de outro.

Se a decisão resolve questão sem definir algo acerca do objeto do litígio, trata-se de decisão interlocutória.

Se, no entanto, decide, em ato incidente ou final, acerca do objeto do litígio, total ou parcialmente, trata-se de sentença.

A sentença arbitral é, portanto, o ato decisório cognitivo define o objeto do litígio, predispondo o processo arbitral para sua extinção, ainda que parcialmente, com a atribuição às partes do direito pleiteado ou com declaração de sua impossibilidade em razão da presença de algum vício ou da ausência de algum requisito.

A natureza da sentença arbitral é, em tudo quanto possível, de ato equivalente à sentença judicial, formando título judicial quando reconheça obrigação, mesmo que não condenatória.

Aos árbitros, como aos juízes, a depender dos objetos litigiosos e dos pedidos formulados, permite-se a prolação de sentenças totais ou parciais, que não se confundem com sentenças omissas quanto ao litígio submetido ao juízo arbitral.

A sentença parcial é ato incidental, não ato final.

Os árbitros podem prolatar sentenças que cuidem de parte do processo, dando continuidade a ele, não se admitindo que o façam e deem por encerrado contrariamente ao que solicitarem as partes.

2. Prazo para sentenciar

O prazo para a prolação da sentença pode ser voluntário ou legal, sendo o primeiro aquele previsto na convenção arbitral, em regras institucionais ou em ajuste qualquer das partes e o segundo aquele que a lei fixa para os casos de omissão das partes.

De qualquer modo, o prazo tem a aceitação da nomeação ou a substituição do árbitro como seu termo inicial.

O termo final do prazo se dá com sua apresentação, não havendo na lei elemento que permita dizer se às partes ou à instituição arbitral e se deve ser considerado o prazo pelo envio ou pelo recebimento.

O prazo para a prolação da sentença arbitral, voluntário ou legal, pode ser prorrogado por acordo das partes e dos árbitros.

Ressalvadas disposições ou deliberações em contrário, o descumprimento do prazo é causa de pedido de extinção da convenção arbitral e de declaração de nulidade da sentença eventualmente prolatada.

2.1. Questão de concurso

- *FCC. TJ-PE. 2013. Titular de Serviços de Notas e de Registros.*

  Sobre a arbitragem, de acordo com a Lei nº 9.307/96, é correto afirmar:

  A) A demanda para a decretação de nulidade da sentença arbitral seguirá o procedimento comum, previsto no Código de Processo Civil, e deverá ser proposta pela parte interessada no prazo de até sessenta dias após o recebimento da notificação da sentença arbitral ou de seu aditamento.

  B) Sendo nomeados vários árbitros, as partes envolvidas elegerão o presidente do tribunal arbitral e, não havendo consenso entre elas, será designado presidente o mais idoso.

  C) No prazo de dez dias, a contar do recebimento da notificação ou da ciência pessoal da sentença arbitral, a parte interessada, mediante comunicação à outra parte, poderá solicitar ao árbitro ou ao tribunal arbitral que corrija qualquer erro material da sentença arbitral.

D) Nada tendo sido convencionado pelas partes, o prazo para a apresentação da sentença é de seis meses, contado da instituição da arbitragem ou da substituição do árbitro, podendo ser prorrogado pelas partes e árbitros, havendo comum acordo.

E) No procedimento arbitral, em caso de ausência sem justa causa de testemunha convocada para prestar depoimento poderá o árbitro ou o presidente do tribunal arbitral determinar a condução coercitiva da testemunha faltosa requerendo, se necessário, o auxílio de força policial.

Resposta: letra D.

Art. 24 – A **decisão** do árbitro ou dos árbitros será expressa em **documento escrito**.

§ 1º Quando forem **vários os árbitros**, a decisão será tomada **por maioria**. Se **não** houver acordo **majoritário**, prevalecerá o **voto do presidente** do tribunal arbitral.

§ 2º O árbitro que **divergir** da maioria poderá, querendo, **declarar seu voto** em separado.

1. Decisões arbitrais

As decisões arbitrais podem ser tomadas verbalmente.

Entretanto, devem ser expressas em documento escrito inserido nos autos do processo arbitral, como forma, inclusive de facilitar o controle judicial formal.

Embora não seja clara a lei, o quórum exigido para as decisões de juízos arbitrais coletivos é de maioria simples, isto é, o número inteiro imediatamente superior à metade dos votos.

Não alcançada a maioria simples, prevalecerá o voto do presidente.

Autoriza-se a declaração de voto em separado ao árbitro que divergir dos demais, restando vencido.

1.1. Questão de concurso

- *CESGRANRIO. Petrobras. 2012. Administrador.*

Em relação à sentença arbitral, sabe-se que ela

A) é válida, mesmo que proferida fora dos limites da convenção de arbitragem.

B) deve ser proferida em um prazo máximo de dois meses.

C) apresentará a decisão do árbitro ou dos árbitros verbalmente expressa na presença de todas as partes envolvidas.

D) deve conter os fundamentos da decisão, quando serão analisadas as questões de fato e de direito

E) não é reconhecida ou executada no Brasil, quando for estrangeira.

Resposta: letra D.

Art. 25 – (REVOGADO).

Parágrafo único. (REVOGADO).

1. Controvérsia sobre direito indisponível

Com a revogação do artigo acima, o árbitro deve decidir sobre questão prejudicial de mérito que consista na existência de controvérsia que envolva direitos indisponíveis, exercendo plenamente sua jurisdição, não suspendendo nem remetendo ao juízo estatal, sem prejuízo de vir a ser analisada em eventual ação ou impugnação da parte quanto à validade da sentença.

1.1. Questão de concurso

O artigo 25 da lei de arbitragem, que dispunha precisamente no sentido da alternativa C, foi revogado pela lei 13.129 exatamente no ano da prova!

- *FAURGS. TJ-RS. 2015. Titular de Serviços de Notas e de Registros.*

  Assinale a alternativa que contém afirmativa incorreta sobre a arbitragem no Direito Brasileiro.

  A) A arbitragem obedecerá ao procedimento estabelecido pelas partes na convenção de arbitragem, que poderá reportar-se às regras de um órgão arbitral institucional ou entidade especializada, facultando-se, ainda, às partes, delegar ao próprio árbitro, ou ao tribunal arbitral, regular o procedimento.

  B) O compromisso arbitral é uma das espécies de convenção de arbitragem.

  C) Sobrevindo, no curso da arbitragem, controvérsia acerca de direitos indisponíveis, e verificando-se que de sua existência, ou não, dependerá o julgamento, o árbitro, ou o tribunal arbitral, remeterá as partes à autoridade competente do Poder Judiciário, suspendendo o procedimento arbitral.

  D) É possível a aplicação de direito estrangeiro para a solução de um conflito submetido a processo arbitral.

  Resposta: letra C.

Art. 26 – São **requisitos** obrigatórios da **sentença arbitral**:

I – o **relatório**, que conterá os nomes das partes e um resumo do litígio;

II – os **fundamentos** da decisão, onde serão analisadas as questões de fato e de direito, mencionando-se, expressamente, se os árbitros julgaram por equidade;

III – o **dispositivo**, em que os árbitros resolverão as questões que lhes forem submetidas e estabelecerão o prazo para o cumprimento da decisão, se for o caso; e

IV – a **data** e o **lugar** em que foi proferida.

Parágrafo único. A sentença arbitral **será assinada** pelo árbitro ou por todos os árbitros. Caberá ao **presidente** do tribunal arbitral, na hipótese de um ou alguns dos árbitros não poder ou não querer assinar a sentença, **certificar tal fato**.

1. Requisitos da sentença arbitral

A sentença arbitral deve ser expressa em documento escrito, situado, datado e assinado por todos, que conterá o relatório, a fundamentação e o dispositivo, logicamente concatenados entre si de modo a evitar algum tipo de vício.

1.1. Controle judicial dos vícios

O juízo estatal não exerce controle de mérito, mas apenas de forma da sentença arbitral (STJ. SEC 760).

2. Relatório, fundamentação e dispositivo

O relatório nada mais é do que a narrativa acerca da história da relação litigiosa, qualificando seus sujeitos e descrevendo seu objeto.

A fundamentação contem a exposição da análise realizada sobre as questões de fato e de direito que serviram de base para a decisão arbitral, exigindo-se a expressa menção ao julgamento por equidade quando tiver ocorrido.

O dispositivo é a parte decisória propriamente dita da sentença, em que as questões submetidas pelas partes serão resolvidas e eventual prazo para cumprimento será estabelecido.

2.1. Questão de concurso

- *CESGRANRIO. Petrobras. 2012. Administrador.*

  Em relação à sentença arbitral, sabe-se que ela

A) é válida, mesmo que proferida fora dos limites da convenção de arbitragem.

B) deve ser proferida em um prazo máximo de dois meses.

C) apresentará a decisão do árbitro ou dos árbitros verbalmente expressa na presença de todas as partes envolvidas.

D) deve conter os fundamentos da decisão, quando serão analisadas as questões de fato e de direito

E) não é reconhecida ou executada no Brasil, quando for estrangeira.

Resposta: letra D.

3. Data, lugar e assinatura da sentença

A data da sentença é importante para a fixação do termo final do prazo legal ou voluntário para sua prolação e, também, do termo inicial para a contagem de outros prazos como, por exemplo, para o manejo de embargos arbitrais e ações e impugnações judiciais.

O local em que proferida a sentença é fundamental para a definição de sua nacionalidade e, por conseguinte, da possibilidade de manejo da ação de nulidade, da necessidade de homologação, de identificação da lei arbitral e do órgão judicial competente.

Todos os árbitros deverão assinar a sentença, desde que possam ou queiram.

Cabe ao presidente do tribunal arbitral certificar a circunstância de quaisquer árbitros se recusarem ou não poderem assinar a sentença.

3.1. Nacionalidade da sentença

A nacionalidade da sentença se define pelo local de sua prolação, não importando a língua em que escrita, a nacionalidade de seus árbitros ou a sede do tribunal arbitral (STJ. REsp 1.231.554).

Art. 27 – A sentença arbitral **decidirá** sobre a **responsabilidade** das partes acerca das **custas e despesas** com a arbitragem, bem como sobre verba decorrente de litigância de **má-fé**, se for o caso, respeitadas as disposições da convenção de arbitragem, se houver.

1. Despesas, honorários e outras verbas

Observada a convenção arbitral, as regras institucionais ou ajustes quaisquer das partes, a sentença deverá decidir sobre responsabilidade pelo pagamento de custas e despesas com o processo, incluindo os gastos dos árbitros, com peritos e com advogados, e sobre eventual multa pelo reconhecimento de ter atuado a parte com má-fé.

O árbitro tem alguma margem de decisão quando ausentes disposições expressas acerca do assunto, devendo guiar-se no sentido do equilíbrio; importa, porém, que decida com base em requerimento.

Cogita-se, assim, de ressarcimento de custas e despesas realizadas pelas partes, inclusive com a postulação e envolvendo os atos de defesa no processo.

Essas verbas ressarcitórias, remuneratórias e sancionatórias são direito da parte vencedora.

Inexiste, porém, a previsão legal de verba sucumbencial, como direito próprio do advogado, nada impedindo que as partes disponham sobre isso na convenção ou adotem regras institucionais que a prevejam.

1.1. Questão de concurso

- *CESGRANRIO. Petrobras. 2010. Administrador.*

  Após uma intervenção de arbitragem, é proferida a sentença arbitral, sabendo-se que

  A) a estrangeira não é reconhecida ou aplicada no Brasil.

  B) deve ser assinada somente pelas partes envolvidas.

  C) não delibera sobre as custas e despesas de arbitragem.

  D) seu relatório prescinde dos fundamentos da decisão.

  E) pode ser comunicada às partes pelo correio, se registrado o recebimento.

  Resposta: letra E. As afirmações das demais opções são frontalmente opostas à letra da lei, especialmente ao dizer que não delibera sobre custas e despesas.

> **Art. 28** – Se, no decurso da arbitragem, as **partes chegarem a acordo** quanto ao litígio, o árbitro ou o tribunal arbitral poderá, **a pedido** das partes, **declarar** tal fato mediante **sentença arbitral**, que conterá os requisitos do art. 26 desta Lei.

1. Acordo das partes

As partes podem, a qualquer momento, transigir acerca do objeto do litígio e do próprio litígio, extinguindo-o, por meio de desistência. Todavia, havendo transação sobre o litígio, o acordo pode ser homologado pelo árbitro, por meio de sentença com a mesma validade e eficácia e, portanto, devendo obediência aos mesmos preceitos da sentença arbitral genérica.

2. Homologação fraudulenta

Importante que a sentença tenha por objeto verdadeira transação, já que a sentença de homologação de negócio simulado pode ser atacada por via de ação de nulidade.

Art. 29 – Proferida a sentença arbitral, dá-se por **finda a arbitragem**, devendo o árbitro, ou o presidente do tribunal arbitral, **enviar cópia da decisão** às partes, por via postal ou por outro meio qualquer de comunicação, mediante **comprovação de recebimento**, ou, ainda, entregando-a diretamente às partes, mediante recibo.

1. Extinção do processo arbitral

A lei diz que a prolação da sentença arbitral é termo final da arbitragem, o que, inobstante a letra fria, é um exagero.

Isso a começar pelo fato de que, mediante comprovação do recebimento, a sentença deve ser enviada às partes, não se podendo conceber deveres funcionais que não estejam mais no desempenho da função.

Mas não apenas isso.

A lei não cogita de recurso judicial contra a sentença arbitral, nada impedindo, porém, que as partes concebam e prevejam alguma espécie de impugnação no próprio processo arbitral.

De todo modo, a lei admite que da sentença as partes peçam esclarecimentos sobre o conteúdo da sentença e, assim, só após essa decisão estaria extinto o processo arbitral.

1.1. Questão de concurso

- *CESGRANRIO. Petrobras. 2010. Administrador.*

  Após uma intervenção de arbitragem, é proferida a sentença arbitral, sabendo-se que

  A) a estrangeira não é reconhecida ou aplicada no Brasil.

  B) deve ser assinada somente pelas partes envolvidas.

  C) não delibera sobre as custas e despesas de arbitragem.

  D) seu relatório prescinde dos fundamentos da decisão.

  E) pode ser comunicada às partes pelo correio, se registrado o recebimento.

Resposta: letra E. Como disse, as quatro primeiras opções são frontalmente opostas à letra da lei e a alternativa que resta e que ora nos importa repete o dispositivo usando de um sinônimo de comprovação do recebimento.

Art. 30 – No **prazo** de 5 (cinco) dias, a **contar do recebimento** da notificação ou da ciência pessoal da sentença arbitral, **salvo** se outro prazo for **acordado** entre as partes, a parte interessada, mediante **comunicação à outra** parte, poderá **solicitar** ao árbitro ou ao tribunal arbitral que:

I – corrija qualquer **erro material** da sentença arbitral;

II – esclareça alguma **obscuridade, dúvida ou contradição** da sentença arbitral, ou se pronuncie sobre ponto **omitido** a respeito do qual devia manifestar-se a decisão.

Parágrafo único. O árbitro ou o tribunal arbitral **decidirá no prazo** de 10 (dez) dias **ou** em prazo **acordado** com as partes, **aditará a sentença** arbitral e notificará as partes na forma do art. 29.

1. Embargos arbitrais

As partes podem solicitar que os árbitros corrijam erros materiais, esclareçam obscuridades, dúvidas ou contradições e se pronunciem sobre ponto omitido sobre o qual deveriam ter-se manifestado.

Doutrinariamente conhecidos como embargos arbitrais, tais pedidos, segundo a lei, devem ter por objeto decisões contidas na sentença; nada impedindo, contudo, que as partes prevejam seu uso também para outras decisões.

Os embargos arbitrais possuem efeitos infringentes restritos na medida em que a decisão pode ser alterada em sua substância com a constatação de que a incompletude ou incoerência conduziu a uma solução diversa.

A decisão sobre o efeito infringente, no entanto, é dos árbitros.

Os embargos devem ser manejados por quem é parte no processo, não se admitindo que terceiros o façam.

2. Prazos de oposição e decisão

No prazo convencional, institucional ou, silentes a convenção e as regras institucionais, no fixado em lei, as partes poderão opor embargos arbitrais que, recebidos, deverão ser decididos pelos árbitros também no prazo fixado na convenção arbitral, nas regras institucionais ou, silentes ambas, no prazo previsto no artigo ora sob comento.

2.1. Questão de concurso

- *FCC. TJ-PE. 2013. Titular de Serviços de Notas e de Registros.*

Sobre a arbitragem, de acordo com a Lei nº 9.307/96, é correto afirmar:

A) A demanda para a decretação de nulidade da sentença arbitral seguirá o procedimento comum, previsto no Código de Processo Civil, e deverá ser proposta pela parte interessada no prazo de até sessenta dias após o recebimento da notificação da sentença arbitral ou de seu aditamento.

B) Sendo nomeados vários árbitros, as partes envolvidas elegerão o presidente do tribunal arbitral e, não havendo consenso entre elas, será designado presidente o mais idoso.

C) No prazo de dez dias, a contar do recebimento da notificação ou da ciência pessoal da sentença arbitral, a parte interessada, mediante comunicação à outra parte, poderá solicitar ao árbitro ou ao tribunal arbitral que corrija qualquer erro material da sentença arbitral.

D) Nada tendo sido convencionado pelas partes, o prazo para a apresentação da sentença é de seis meses, contado da instituição da arbitragem ou da substituição do árbitro, podendo ser prorrogado pelas partes e árbitros, havendo comum acordo.

E) No procedimento arbitral, em caso de ausência sem justa causa de testemunha convocada para prestar depoimento poderá o árbitro ou o presidente do tribunal arbitral determinar a condução coercitiva da testemunha faltosa requerendo, se necessário, o auxílio de força policial.

Resposta: letra D.

Novamente a resposta única possível decorre não apenas de ser compatível com a letra da lei, mas em razão das demais opões afrontarem claramente dispositivos expressos, como no caso do prazo para embargos, que tem o agravante de usar do prazo para decisão como se fosse de interposição.

3. Aditamento

O aditamento tem natureza de sentença acessória e, portanto, integra-a, formando ato decisório único.

Isso não significa, todavia, que não possa ser questionado apenas vício que atinja o complemento e não a parte complementada.

Mas o questionamento far-se-á por meio da ação ou impugnação da sentença.

Possível opor embargos dos embargos, caso a incompletude ou incoerência advenha da decisão sobre os primeiros embargos.

Há entendimento doutrinário no sentido de admitir que, com o oferecimento de embargos arbitrais, os árbitros possam corrigir de ofício incompletudes e incoerências não alegadas pelo embargante.

Proferida a decisão complementar, segue-se nova comunicação das partes.

Art. 31 – A sentença arbitral produz, entre as **partes e seus sucessores**, os mesmos **efeitos da sentença** proferida pelos órgãos do Poder Judiciário e, sendo condenatória, constitui **título executivo**.

1. Efeitos da sentença arbitral

A sentença arbitral é, como antes dito, o ato decisório cognitivo que define o objeto do litígio, predispondo o processo arbitral para sua extinção com a atribuição às partes do direito pleiteado ou com declaração de sua impossibilidade em razão da presença de algum vício ou da ausência de algum requisito.

A natureza da sentença arbitral é, em tudo quanto possível, de ato equivalente à sentença judicial, formando título judicial quando reconheça obrigação, mesmo que não condenatória, apesar do que decorre da letra fria da lei.

É que, em sendo equivalente, a sentença arbitral possui, ao menos em termos de cognição, o mesmo alcance da sentença judicial que, atualmente, não restringe a qualificação de título executivo às decisões condenatórias.

A sentença proferida pelo juízo arbitral é equivalente à proferida pelo juízo estatal e, portanto, qualifica-se como título executivo judicial, tenha o comando que tiver, produzindo coisa julgada material e formal entre as partes e seus sucessores e irradiando autoridade decisória para além, atingindo terceiros que não lhe podem recusar a obrigatoriedade.

Ressalte-se, todavia, que só possui tal qualificativo, sem condições, a sentença arbitral nacional, visto que a estrangeira depende de ato judicial de reconhecimento de sua validade e eficácia e só após isso terá a qualificação igual à da nacional.

1.1. Similitude da sentença arbitral quanto aos efeitos

É constitucional a equivalência entre a sentença arbitral e a judicial (STF. SEC 5.206-7; SEC 5.847-1).

A sentença arbitral irradia efeitos para outros processos, obstando-os (STJ. REsp 1.203.430).

Como toda sentença, a arbitral obriga a todos e irradia seus efeitos para além das partes, servindo de título para exigência de liberação de recursos fundiários (STJ. REsp 777.906).

1.2. Questão de concurso

- *CESGRANRIO. Petrobras. 2014. Administrador.*

  A arbitragem é aplicada na resolução de conflitos envolvendo contratos internacionais, entre os quais se incluem os relativos a transportes marítimos.

  Na arbitragem, verifica-se que a (o):

  A) cláusula compromissória não é autônoma, em relação ao contrato em que estiver inserta, de tal sorte que a nulidade deste implica a nulidade da cláusula compromissória.

  B) cláusula compromissória é a convenção através da qual as partes submetem um litígio à arbitragem de uma ou mais pessoas, podendo ser judicial ou extra-judicial.

  C) sentença arbitral não será considerada nula, ainda que o compromisso arbitral seja considerado nulo.

  D) sentença arbitral produz, entre as partes e seus sucessores, os mesmos efeitos da sentença proferida pelos órgãos do Poder Judiciário e, sendo condenatória, constitui título executivo.

  E) compromisso arbitral é a convenção através da qual as partes em um contrato se comprometem a submeter à arbitragem os litígios que possam vir a surgir, relativamente a tal contrato.

  Resposta: letra D.

- *TRF – 3ª REGIÃO. 2013. Juiz Federal.*

  No que tange à arbitragem, marque a opção **correta**:

  I) A sentença arbitral produz, entre as partes e seus sucessores, os mesmos efeitos da sentença proferida pelos órgãos do Poder Judiciário e, sendo condenatória, após homologação, constitui título executivo.

  II) Em contrato internacional, havendo cláusula compromissória, sendo as partes capazes e o direito disponível, pode-se arguir a incompetência do poder judiciário na solução de qualquer controvérsia por meio da exceção de convenção de arbitragem.

  III) Sentença proferida em arbitragem internacional independerá de homologação pelo STJ para adquirir força executiva no Brasil.

  IV) A sentença arbitral estrangeira não necessita de homologação judicial no seu país de origem para posterior reconhecimento e execução no Brasil.

A) Todos os enunciados são corretos.

B) Os enunciados I e III são corretos.

C) Os enunciados II e III são corretos.

D) Os enunciados III e I são falsos.

E) Todos os enunciados são falsos.

Resposta: letra D.

Art. 32 – É **nula** a sentença arbitral se:

I – for **nula a convenção** de arbitragem;

II – emanou de quem **não podia ser árbitro**;

III – não contiver os **requisitos do art. 26** desta Lei;

IV – for proferida **fora dos limites** da convenção de arbitragem;

V – (REVOGADO)

VI – comprovado que foi proferida por **prevaricação, concussão ou corrupção passiva**;

VII – proferida **fora do prazo**, respeitado o disposto no art. 12, inciso III, desta Lei; e

VIII – forem **desrespeitados os princípios** de que trata o art. 21, § 2º, desta Lei.

1. Alcance da jurisdição estatal

A jurisdição arbitral é, como já foi dito, equivalente à jurisdição estatal, o que significa que são análogas, mas não idênticas.

Nesse sentido, a jurisdição arbitral não está subordinada à jurisdição estatal, mas sofre controle.

O controle exercido pela jurisdição estatal sobre a jurisdição arbitral, todavia, é controle formal posterior, exercido sobre a validade da sentença arbitral proferida e nunca sobre seu mérito.

A sentença arbitral viciada por algumas das hipóteses do artigo sob comento é causa da propositura da ação declaratória de nulidade cuja perante a jurisdição estatal, cuja sentença tem efeito de invalidação e não de revisão.

A prolação da sentença judicial que declare a ocorrência de uma das hipóteses do artigo em questão, portanto, leva ao desfazimento da sentença arbitral e à necessidade de que nova sentença arbitral seja proferida.

1.1. Limites do controle judicial

O juízo estatal não controla o mérito da sentença arbitral (STJ. REsp 693.219).

2. Hipóteses de invalidação da sentença arbitral

2.1. Relação taxativa

São sete as hipóteses que servem de fundamento para a invalidação da sentença arbitral, expostas em relação que doutrinariamente se afirma como sendo taxativa, não podendo ser restringida nem ampliada pelas partes.

Mas isso não significa que seja relação exaustiva, visto que outras hipóteses podem decorrer de expressa disposição legal como, por exemplo, da sentença que não resolve toda a demanda e que não se qualifica como sentença parcial de mérito.

2.2. Natureza dos vícios

A rigor, a maioria das hipóteses representam situações de anulabilidade, de nulidades relativas, e não de nulidade propriamente dita, de nulidade absoluta.

O erro que justifica a invalidação é o erro do procedimento e não o erro de julgamento, razão pela qual não se admite questões de mérito como sua causa.

As partes não podem renunciar ao direito de pleitear a invalidação, embora possam deixar de exercê-lo.

2.3. Vício da convenção arbitral

A primeira hipótese é a sentença proferida com base em convenção arbitral nula. A bem da verdade, a ação declaratória pode-se basear em inexistência, invalidade e ineficácia da convenção.

Sendo fundamento da jurisdição arbitral, ao árbitro não é lícito proferir sentença se não possui jurisdição, isto é, há de existir convenção formada de maneira válida e provida de eficácia.

2.4. Vício na investidura do árbitro

A segunda hipótese é de sentença proferida por quem não podia ser árbitro.

Sobre o assunto, remeto o leitor aos comentários dos artigos 13 e 14, lembrando apenas que a lei exige que o árbitro seja pessoa plenamente capaz e que tenha a confiança de ambas as partes, daí derivando deveres diversos referentes à independência, imparcialidade, competência, diligência e discrição.

Lembro que a parte que tenha conhecimento de situação que conflite com esses requisitos deve manifestar-se sob pena de preclusão e convalidação do ato.

Assim, o que diz a lei é que essa causa serve para a ação declaratória se oposta durante o processo arbitral ou tiver sido conhecida apenas após a sentença.

2.5. Vício na estrutura da sentença arbitral

A terceira hipótese é de sentença proferida sem observar os requisitos formais do artigo 26 combinado com o artigo 30. Para análise mais detida, remeto o leitor aos comentários de cada qual dos artigos.

Importa fincar apenas que a sentença arbitral deve ser expressa em documento escrito, situado, datado e assinado por todos, que conterá o relatório, a fundamentação e o dispositivo, logicamente concatenados, sendo motivo de nulidade a ausência dos requisitos ou a contradição grave entre os tópicos da sentença, exigindo-se, porém, que a parte oponha os embargos arbitrais para os esclarecer.

2.6. Vício no dispositivo da sentença arbitral

A quarta hipótese é de sentença proferida fora dos limites da convenção arbitral.

Os limites a que se refere a lei de arbitragem são os do pedido, invalidando-se totalmente a sentença quando abordar pedidos diversos do formulado pelas partes, apenas parcialmente quando tratar de mais do que pedido por elas, não sendo caso de invalidação a sentença que aborde menos, visto que passível de complementação, sendo ato final, e válida, sendo ato incidental.

Caso a sentença arbitral exija liquidação que envolva questão de mérito, será caso de devolver ao árbitro para sua complementação através de ação própria mencionada no artigo 33, § 4º.

2.6.1. Questões de concurso

- *CETRO. TJ-RJ. Titular de Serviços de Notas e de Registros.*

  Na arbitragem, é correto afirmar que

  A) se, durante o procedimento arbitral, um árbitro vier a ser substituído, a produção de provas não poderá ser repetida.

  B) a revelia da parte impedirá que a sentença arbitral seja proferida.

  C) a produção de provas no procedimento arbitral sempre dependerá do requerimento das partes.

D) é nula a sentença arbitral se não decidir todo o litígio submetido à arbitragem.

E) a demanda para a decretação de nulidade de sentença arbitral deverá ser proposta no prazo de até 2 (dois) anos após o recebimento da notificação da sentença arbitral ou de seu aditamento.

Resposta: letra D. A questão segue a letra da lei, embora não seja, como vimos, caso exato de nulidade.

- *VUNESP. TJ-SP. 2013. Juiz de Direito.*

Acerca da arbitragem, é correto dizer que

A) é nula a sentença arbitral quando o julgamento de mérito nela contido contrariar lei federal ou alterar a verdade dos fatos.

B) a nulidade do contrato no qual se estipulou a cláusula arbitral implica, necessariamente, a nulidade da cláusula compromissária.

C) a sentença arbitral brasileira não fica sujeita a recurso ou a homologação pelo Poder Judiciário.

D) somente o Poder Judiciário pode decidir acerca da validade e eficácia da convenção de arbitragem e do contrato que contenha a cláusula compromissória, de sorte que, em caso de tal alegação, o Tribunal Arbitral deve submeter a questão ao juiz togado competente.

Resposta: letra C.

2.7. Vício no comportamento do árbitro

A quinta hipótese é de sentença proferida, por prevaricação, concussão ou corrupção passiva.

Relembro os comentários ao artigo 17 para dizer que o árbitro é equiparado aos funcionários públicos, sujeitando-se ao regime jurídico aplicável na seara criminal, como sujeito ativo ou passivo dos crimes que tenham a figura do funcionário público como elementar do tipo.

No artigo sob comento, especificamente são mencionados três desses crimes funcionais.

2.7.1. Prevaricação

Prevaricação é o indevido atraso ou omissão na prática de ato de ofício ou a prática contrária à expressa disposição legal coma finalidade de satisfação de ou sentimento pessoal.

2.7.2. Concussão

Concussão é a exigência, para si ou para terceiro, de vantagem indevida em razão da função, mesmo que não esteja nela investido ou em seu exercício, ainda que de maneira indireta.

2.7.3. Corrupção passiva

Corrupção passiva é o ato de aceitar promessa, solicitar ou receber, para si ou para terceiro, vantagem indevida em razão da função, mesmo que não esteja nela investido ou em seu exercício, ainda que de maneira indireta.

A invalidação com base nesses vícios de conduta do árbitro não demanda condenação criminal.

2.8. Vício circunstancial da sentença arbitral

A sexta hipótese é de sentença proferida fora do prazo do artigo 12, III, a cujos comentários remeto o leitor, ressaltando, todavia, que o só transcurso do prazo não é o bastante para a anulação, exigindo-se que seja desatendida a notificação pelo árbitro para que prolate a sentença e que a parte demandante não seja a responsável pelo atraso.

2.9. Vício teleológico da sentença arbitral

A sétima e última hipótese é de sentença proferida sem observar os princípios informadores do processo arbitral previstos no artigo 21, § 2º, a cujos comentários remoto o leitor.

Importante ressaltar que os fatos ensejadores do desrespeito aos princípios devem ser comprovados e hão de ser aqueles que atinjam de maneira grave o direito de defesa das partes, não se caracterizando como tais aqueles que refutem a produção de provas desnecessárias, inúteis ou impertinentes ao processo arbitral.

Lembremos que o julgador pode exigir não apenas a prova dos fatos, mas também da existência e da vigência da norma jurídica, se for de origem local ou estrangeira.

De tal maneira, o argumento baseado em norma de abrangência nacional ou equivalente independe de formulação e pode ser considerado de ofício pelo juiz; devendo ser dada, no entanto, a oportunidade de as partes se manifestarem sobre o tema antes da decisão.

Como na arbitragem, há mais liberdade para a escolha dos critérios de decisão, para evitar a alegação de vícios a afetar os princípios informadores do processo arbitral, o árbitro deve permitir que as partes se manifestem sobre os possíveis fundamentos jurídicos da decisão, mesmo que trazidos aos autos pelo árbitro, reforçando, assim, a confiança que ambas as partes nele depositaram.

2.9.1. Suprimento do vício na citação

A participação no processo supre eventual vício da citação (STJ. SEC 831).

3. Sentença arbitral invalidável

Somente a sentença arbitral nacional pode ser invalidada por meio da ação declaratória de nulidade com fundamento no artigo 32, já que a sentença arbitral estrangeira deve ser impugnada no curso do processo de homologação previsto nos artigos 34 e seguintes.

Art. 33 – A **parte interessada** poderá pleitear ao órgão do Poder Judiciário competente a **declaração de nulidade** da sentença arbitral, nos casos previstos nesta Lei.

§ 1º A demanda para a declaração de nulidade da sentença arbitral, parcial ou final, seguirá as regras do **procedimento comum**, previstas na Lei nº 5.869, de 11 de janeiro de 1973 (Código de Processo Civil), e deverá ser **proposta no prazo de até 90 (noventa) dias** após o **recebimento da notificação** da respectiva sentença, parcial ou final, ou da decisão do pedido de esclarecimentos.

§ 2º A sentença que julgar procedente o pedido **declarará a nulidade da sentença arbitral**, nos casos do art. 32, e determinará, se for o caso, que o árbitro ou o tribunal profira nova sentença arbitral.

§ 3º A decretação da nulidade da sentença arbitral também **poderá ser requerida** na **impugnação ao cumprimento** da sentença, nos termos dos arts. 525 e seguintes do Código de Processo Civil, se houver execução judicial.

§ 4º A parte interessada poderá ingressar em juízo para **requerer a prolação de sentença arbitral complementar**, se o árbitro não decidir todos os pedidos submetidos à arbitragem.

1. Declaração de nulidade da sentença arbitral

Em processo de conhecimento ou em procedimento de cumprimento, a parte pode demandar ao juízo estatal competente que declare a nulidade da sentença arbitral, parcial ou final, com fundamento nas hipóteses do artigo 32 e em outras que decorram do regime da lei de arbitragem, como, por exemplo, do próprio artigo sob comento em seu parágrafo 4º.

Exige-se que o demandante demonstre sua legitimidade e seu interesse, sem o que carece do direito de postulação, como no caso de ser o causador do erro que levou ao defeituoso pronunciamento do juízo arbitral.

Legitimada passivamente será a parte adversa, sendo incabível a demanda contra os árbitros e instituições administradoras.

1.1. Limites ao controle judicial

O juízo estatal não pode analisar cláusula contratual por ser questão de mérito (STF. SEC 5.847-1).

2. Ação declaratória de nulidade

Em se tratando de ação, cabível apenas contra sentença nacional, o procedimento há de ser o comum, variando o rito conforme o valor da causa.

O prazo legal para a propositura da ação é de natureza decadencial, não admitindo interrupção, suspensão ou alteração pela vontade das partes. Recebida a notificação pela parte, começa a fluir até seu final.

Como a propositura da ação declaratória não afeta a execução da sentença arbitral, cabível a concessão de tutela provisória para sua suspensão.

2.1. Ausência de litispendência

Não há litispendência entre embargos do devedor e ação declaratória de nulidade de compromisso arbitral (STJ. REsp 693.219).

3. Impugnação ao cumprimento de sentença

Em sendo impugnação, cabível contra sentenças arbitrais nacionais ou estrangeiras homologadas, seguem-se as normas próprias do cumprimento de sentença previstas na lei processual civil.

A impugnação pode-se dar com base nas mesmas hipóteses da ação declaratória, desde que no prazo da lei de arbitragem para a postulação autônoma; ultrapassado o prazo, apenas admitir-se-á a impugnação com base nas hipóteses da lei processual civil, salvo situações extremas de inexistência de fundamento para a jurisdição arbitral ou de grave atentado à ordem pública processual descoberto após o prazo.

4. Efeitos do reconhecimento da invalidade

A lei autoriza ao juízo estatal modular os efeitos da decisão de maneira que a declaração não importa, necessariamente, em determinação de ser prolatada nova sentença arbitral para que substitua ou complemente a anterior.

Todavia, certo que, invalidada ou não, descabe ao juízo estatal proferir sentença que substitua ou complemente a sentença arbitral, porque ausente jurisdição para tanto.

Capítulo VI
Do Reconhecimento e Execução de Sentenças Arbitrais Estrangeiras

Art. 34 – A **sentença** arbitral **estrangeira** será reconhecida **ou** executada no Brasil de conformidade com os **tratados internacionais** com eficácia no ordenamento interno e, na sua ausência, **estritamente** de acordo com os termos **desta Lei**.

Parágrafo único. Considera-se sentença arbitral **estrangeira** a que tenha sido proferida **fora do território** nacional.

1. Arbitragem internacional

Distingue-se doutrinariamente a arbitragem em nacional ou doméstica e estrangeira, ou internacional ou transnacional, tudo a depender do alcance do negócio ao qual se vincule a convenção arbitral, definido conforme critérios econômicos ou jurídicos.

A distinção não é adotada pela lei brasileira de arbitragem, que se limita a dar tratamento diverso para a decisão proferida pelo árbitro a depender de sua nacionalidade.

2. Definição de sentença arbitral estrangeira

A lei brasileira de arbitragem adota o critério geográfico para definir o que se deve entender por sentença arbitral estrangeira.

Sentença arbitral estrangeira é, nos termos da lei, a que seja proferida fora do território nacional.

Para a lei não importa saber qual o local em que tenha sido convencionada, instituída, organizada ou desenvolvida a arbitragem, mas apenas e tão somente em que prolatada a sentença arbitral.

Igualmente não importa, para a lei, a língua em que processa a arbitragem, o domicílio ou a nacionalidade das partes convenentes, do juízo arbitral ou da instituição administradora do procedimento arbitral.

2.1. Critério geográfico de definição

A nacionalidade da sentença se define pelo local de sua prolação, não importando a língua em que escrita, a nacionalidade de seus árbitros ou a sede do tribunal arbitral (STJ. REsp 1.231.554).

A decisão proferida no território nacional, ainda que por tribunal arbitral estrangeiro, é considerada brasileira e dispensa homologação (STJ. REsp 1.231.554).

3. Reconhecimento da sentença arbitral estrangeira

3.1. Obrigatoriedade da homologação

A lei dispõe que a sentença arbitral estrangeira, para ser exigível e, assim, exequível em território nacional, depende de reconhecimento em processo judicial que deve observar normas internacionais ou, ausentes estas, estritamente as normas da lei ora sob análise.

Esta leitura, no entanto, não é a mais adequada.

A leitura que se mostra mais satisfatória é no sentido de que as normas internacionais, de caráter universal ou regional, devem incidir no processo de homologação apenas se forem mais benéficas do que as normas internas, ainda que de caráter geral.

Essa compreensão, inobstante prevaleça quanto ao restante, não se mostrou suficiente para afastar a obrigatoriedade legal do processo de homologação.

Havia entendimento doutrinário no sentido de que a homologação de sentença arbitral estrangeira seria dispensada, à vista do tratamento diverso dado pela norma interna para sentenças nacionais e evocável com base na norma internacional que permite a aplicação da norma mais favorável.

Esse entendimento, todavia, não prevaleceu, pacificando-se a jurisprudência no sentido da exigibilidade da homologação das sentenças arbitrais estrangeiras.

3.2. Decisões homologáveis

A rigor, a lei diz menos do que deve, já que não apenas as sentenças demandam reconhecimento, mas igualmente as decisões interlocutórias proferidas no processo arbitral e que sejam qualificadas como estrangeiras.

O processo de reconhecimento e cumprimento nesse caso deve-se iniciar por carta rogatória endereçada ao órgão judicial competente para a homologação de sentença estrangeira.

3.3. Normas internacionais

Há diversas normas internacionais universais e regionais com eficácia no território brasileiro, evocáveis entre os participantes do sistema das Nações Unidas, dos Estados Americanos ou do Mercado Comum do Sul, sendo a de maior destaque e difusão a Convenção sobre o Reconhecimento e a Execução de Sentenças Arbitrais Estrangeiras, de 1958, conhecida como Convenção de Nova Iorque, local de sua celebração.

3.4. Aplicação em concurso

- *IESES. GasBrasiliano. 2017. Advogado.*

Assinale a assertiva que corresponda à sentença arbitral estrangeira:

A) Considera-se sentença arbitral estrangeira a que tenha sido proferida dentro do território nacional por árbitro estrangeiro em contratos internacionais.
B) A sentença arbitral estrangeira será reconhecida ou executada no Brasil de conformidade com os tratados internacionais com eficácia no ordenamento interno e, na sua ausência, estritamente de acordo com os termos da Lei 9.307/96.
C) A homologação de sentença arbitral estrangeira será requerida exclusivamente pelo árbitro estrangeiro, devendo o requerimento conter as indicações da lei processual daquele país.
D) Para ser reconhecida ou executada no Brasil, a sentença arbitral estrangeira está sujeita, unicamente, à homologação do Tribunal de Justiça pertencente a jurisdição em que ela foi proferida.

Resposta: letra B.

Art. 35 – Para ser **reconhecida ou executada** no Brasil, a sentença arbitral estrangeira está **sujeita, unicamente, à homologação** do Superior Tribunal de Justiça.

1. Homologação da sentença arbitral

A lei exige que a decisão arbitral estrangeira seja submetida ao processo de homologação unicamente perante o juízo estatal brasileiro para que, mediante o reconhecimento de sua existência, validade e eficácia, seja exigível e exequível em território nacional.

Não há mais, portanto, a exigência de dupla homologação, com a prévia homologação no juízo estatal estrangeiro do local em que proferida a decisão.

A homologação, nesse sentido, tem natureza de juízo de delibação que implementa condição de eficácia para a decisão arbitral estrangeira.

O reconhecimento é pressuposto para a execução da decisão estrangeira, embora não o seja para seu uso como documento para a prova de determinado fato.

Como juízo de delibação, a análise judicial deve-se limitar aos aspectos formais da decisão a ela submetida, ressalvado o controle de questões que afrontem a ordem pública.

1.1. Jurisprudência em destaque

O controle judicial da sentença arbitral estrangeira, salvo afronta à ordem pública e à soberania nacional, não envolve questões de mérito, limitando-se aos aspectos formais (STJ. SEC 760; SEC 856; SEC 1.210; SEC 4.439; SEC 6.335).

A homologação de sentença arbitral estrangeira dispensa caução (STF. SEC 5.847-1).

A homologação é condição de eficácia da decisão arbitral estrangeira em território brasileiro (STJ. CC 132.088).

2. Competência judicial

A competência para processo e decisão acerca do pedido de homologação da sentença arbitral estrangeira, originalmente, nos termos da Constituição brasileira, era do Supremo Tribunal Federal.

Após reforma constitucional, a competência passou ao Superior Tribunal de Justiça.

A reforma da lei arbitral adequou seus dispositivos para torná-los compatíveis com a Constituição.

Em razão disso, a competência originária do Supremo Tribunal Federal passou a ser recursal, admitindo-se o controle da decisão proferida pelo órgão especial do Superior Tribunal de Justiça através de recurso extraordinário em casos de afronta à Constituição.

2.1. Limites da competência

A solução de conflito entre juízos arbitrais cabe ao primeiro grau do juízo estatal (STJ. CC 113.260)

O recurso extraordinário contra decisão em processo de homologação só deve ser admitido havendo demonstração clara e fundamentada de afronta à norma constitucional (STF. RE 598.770).

2.2. Questões de concurso

- *CESGRANRIO. Petrobras. 2011. Advogado.*

  O laudo arbitral estrangeiro, para ser executado no Brasil,

  A) depende da homologação judicial no país da sede da arbitragem.

  B) dispensa homologação por ser um título executivo extrajudicial.

  C) precisa ser homologado pelo Superior Tribunal de Justiça.

  D) exige prévia homologação pelo Supremo Tribunal Federal.

  E) não precisa ser homologado se o país da sede da arbitragem for membro da Convenção de Nova York.

  Resposta: letra C.

- *CESGRANRIO. Petrobras. 2012. Advogado.*

  Uma empresa brasileira acaba de ser condenada a pagar uma indenização a outra empresa brasileira, em razão de um laudo arbitral proferido no exterior. A arbitragem foi realizada segundo as regras da Câmara de Comércio Internacional (CCI), em um país signatário da Convenção de Nova York.

  Esse laudo arbitral

  A) dispensa homologação, porque ambas as empresas são brasileiras.

  B) dispensa homologação, porque o Brasil ratificou a Convenção de Nova York.

  C) precisa ser homologado no país-sede da arbitragem e depois pelo STJ.

  D) precisa ser homologado pelo STJ, por ser laudo arbitral estrangeiro.

  E) não precisa ser homologado, nos termos do Protocolo de Las Leñas.

  Resposta: letra D.

- *CESGRANRIO. Petrobras. 2018. Advogado.*

  Nos termos da lei de arbitragem, para ser reconhecida ou executada no Brasil, a sentença arbitral estrangeira está sujeita, unicamente, à homologação do

  A) Supremo Tribunal Federal

  B) Superior Tribunal de Justiça

  C) Tribunal Regional Federal

  D) Tribunal de Justiça

  E) Tribunal do Distrito Federal

  Resposta: letra B.

- *CESGRANRIO. Transpetro. 2018. Advogado.*

  De acordo com a Lei n° 9.307/1996, para ser reconhecida ou executada no Brasil, a sentença arbitral estrangeira está sujeita, unicamente, à homologação do

  A) Juízo Federal de primeiro grau

  B) Supremo Tribunal Federal

  C) Superior Tribunal de Justiça

  D) Tribunal Regional Federal

  E) Tribunal Arbitral competente

  Resposta: letra C.

Art. 36 – Aplica-se à homologação para reconhecimento ou execução de sentença arbitral estrangeira, no que couber, o disposto nos **arts. 483** e **484 do Código de Processo Civil**.

1. Normas do processo de homologação

A lei reporta-se à revogada lei processual civil, devendo-se ler a remissão presente no dispositivo analisado como sendo feita aos artigos 960 a 965 da nova legislação.

O primeiro dos artigos do novo sistema processual remete, por sua vez, ao regimento interno do Superior Tribunal de Justiça.

Essas disposições legais e regimentais, todavia, devem ser observadas na exata medida em que não conflitarem com normas internacionais que possuam força no território brasileiro.

Art. 37 – A homologação de sentença arbitral estrangeira será **requerida** pela parte **interessada**, devendo a **petição inicial** conter as indicações da lei processual, conforme o **art. 282** do Código de Processo Civil, e ser instruída, **necessariamente**, com:

I – o original da sentença arbitral **ou** uma cópia devidamente certificada, autenticada pelo consulado brasileiro **e** acompanhada de tradução oficial;

II – o original da convenção de arbitragem **ou** cópia devidamente certificada, acompanhada de tradução oficial.

1. Legitimidade para requerer a homologação

Menciona a lei brasileira de arbitragem que a homologação da sentença estrangeira poderá ser requerida pela parte interessada sem especificar o que se entende pela expressão.

A tendência jurisprudencial é no sentido de que a legitimidade para requerer a instauração do processo de homologação é ampla, não se limitando às partes formalmente constantes da convenção ou da sentença, mas alcançando aqueles que tenha interesse na produção de efeitos da sentença estrangeira em território nacional.

1.1. Legitimidade ativa

Pedido pode ser feito por qualquer pessoa interessada nos efeitos da sentença, ainda que não tenha participado do processo arbitral (STJ. SEC 3.035).

1.2. Legitimidade do sucessor

A incorporadora de quem participou do processo arbitral sucede de modo que tem legitimidade para o processo judicial de homologação (STJ. SEC 894).

1.3. Questão de concurso

- *IESES. GasBrasiliano. 2017. Advogado.*

Assinale a assertiva que corresponda à sentença arbitral estrangeira:

A) Considera-se sentença arbitral estrangeira a que tenha sido proferida dentro do território nacional por árbitro estrangeiro em contratos internacionais.

B) A sentença arbitral estrangeira será reconhecida ou executada no Brasil de conformidade com os tratados internacionais com eficácia no ordenamento interno e, na sua ausência, estritamente de acordo com os termos da Lei 9.307/96.

C) A homologação de sentença arbitral estrangeira será requerida exclusivamente pelo árbitro estrangeiro, devendo o requerimento conter as indicações da lei processual daquele país.

D) Para ser reconhecida ou executada no Brasil, a sentença arbitral estrangeira está sujeita, unicamente, à homologação do Tribunal de Justiça pertencente a jurisdição em que ela foi proferida.

Resposta: letra B.

2. Requisitos da petição inicial

A petição inicial do processo de homologação da decisão arbitral deve conter requisitos genéricos e específicos.

São genéricos os que toda petição deve conter e mencionados nos artigos 319 e 320 da lei processual civil e específicos aqueles que, em acréscimo, devem as petições de processos de homologação propriamente e previstas nos artigos 965, parágrafo único, da referida lei geral e neste sob comento.

Importante destacar os requisitos específicos que apontam no sentido de ser obrigatória a apresentação, junto com a inicial, dos documentos originais da convenção e da sentença arbitrais ou cópias reprográficas de ambas com as devidas autenticações e traduções oficiais, salvo dispensa em tratado.

Lembremos que a autenticação pode ser feita por autoridade consular, nos termos da legislação do serviço diplomático brasileiro, ou por agente com atribuição de apostilar, nos termos da norma internacional pertinente, e que a tradução referida no dispositivo é a realizada por tradutor juramentado, matriculado no registro empresarial.

A exigência regimental de prova do trânsito em julgado contraria disposição do estatuto processual que se contenta com a demonstração de sua eficácia.

Art. 38 – Somente poderá ser **negada a homologação** para o reconhecimento ou execução de sentença arbitral estrangeira, quando o réu demonstrar que:

I – as partes na convenção de arbitragem eram **incapazes**;

II – a convenção de arbitragem **não era válida** segundo a lei à qual as partes a submeteram, ou, na falta de indicação, em virtude da lei do país onde a sentença arbitral foi proferida;

III – **não foi notificado** da designação do árbitro ou do procedimento de arbitragem, ou **tenha sido violado** o princípio do contraditório, impossibilitando a ampla **defesa**;

IV – a sentença arbitral foi **proferida fora dos limites** da convenção de arbitragem, e **não foi possível separar** a parte excedente daquela submetida à arbitragem;

V – a instituição da arbitragem **não está de acordo** com o compromisso arbitral ou cláusula compromissória;

VI – a sentença arbitral **não** se tenha, ainda, tornado **obrigatória** para as partes, tenha sido **anulada**, ou, ainda, tenha sido **suspensa** por órgão judicial do país onde a sentença arbitral for prolatada.

1. Natureza da relação de hipóteses de denegação

Apesar do evidente exagero na dicção legal de que somente poderia ser negado o pedido de homologação nas hipóteses do artigo 38, já que outras há, mais abertas, no artigo seguinte, evidente que não se tornam meramente exemplificativas as disposições.

A relação de hipóteses de denegação é taxativa, não admitindo interpretação que não a estrita, circunstância que não dispensa o aplicador do dever de verificar a compatibilidade de suas disposições com aquelas constantes na norma internacional.

As hipóteses de denegação previstas no artigo 38, diversamente daqueles casos presentes no artigo seguinte, apenas podem ser analisadas se houver provocação da parte no processo judicial de homologação.

2. Hipóteses de denegação do pedido de homologação

As hipóteses relacionadas no artigo sob comento envolvem vícios que atingem a convenção, o processo e a sentença arbitrais e que, embora graves, não chegam a formar o núcleo duro do conceito de ordem pública ou são de constatação difícil de plano e, assim, não permitem a atuação do juízo estatal de ofício, sem provocação.

A primeira é a incapacidade das partes cuja verificação, em havendo elementos de conexão que internacionalizem a demanda, exige o contraste com a lei local das partes.

A segunda é a invalidade da convenção arbitral a ser aferida segundo as disposições da lei escolhida para o litígio ou, ausente, da lei do local em que tenha sido proferida a sentença.

A terceira é a inobservância de princípios aplicáveis ao processo arbitral, especialmente os referidos à nomeação dos árbitros, à instituição do processo arbitral ou que afrontem o contraditório, causando dano real e concreto à defesa.

A quarta é a de decisão proferida fora dos limites da convenção arbitral, aí incluso o adendo a ela. Nesse caso, sendo possível a separação da parte excedente, preserva-se a decisão que se encontrar nos limites convencionais.

A quinta é a de arbitragem instituída irregularmente, isto é, de processo arbitral instaurado em desacordo com as regras convencionais.

A sexta é a de decisão arbitral inexigível porque inválida ou ineficaz, assim entendidas as decisões que tenham sido anuladas ou suspensas no local de origem ou lá ainda sejam passíveis de recursos ou revisões em vias ordinárias.

2.1. Ônus da prova

O ônus da prova dos requisitos para a homologação é do requerente (STJ. SEC 885).

O ônus da prova em caso de revelia é do requerido (STJ. SEC 887).

2.2. Dupla homologação

A homologação no local de origem é desnecessária (STF. SEC 5.206-7).

2.3. Garantia do juízo

A caução é desnecessária no processo de homologação (STF. SEC 5.847-1).

2.4. Parcialidade do árbitro

É parcial o árbitro que pertence ao mesmo escritório de advocacia que trabalhou em outro caso para uma das partes (STJ. SEC 9.412).

2.5. Validade da citação

A citação por via postal com comprovante de recebimento é válida (STJ. SEC 874).

2.6. Alegação prévia de vício da convenção

A alegação de inexistência de convenção entre as partes deve ter sido feita perante o juízo arbitral sob pena de convalidação (STJ. SEC 866).

A ausência de arguição vício na primeira oportunidade importa em preclusão, impedindo sua análise no juízo estatal (STJ. SEC 856).

2.7. Juízo de homologação

Ressalvada afronta à ordem pública ou à soberania nacional, no processo de homologação não se analisa o mérito da decisão arbitral (STJ. SEC 4.439).

2.8. Decisão anulada no estrangeiro

A decisão anulada no local de origem não pode ser reconhecida (STJ. SEC 5.782).

2.9. Litispendência

Ação anulatória pendente não impede a homologação da sentença estrangeira (STJ. SEC 611).

2.10. Prova da citação

Exige-se na homologação a comprovação de citação regular de todos os requeridos no processo arbitral (STJ. SEC 269).

A qualificação de revel no processo arbitral exige a comprovação de que houve citação efetiva (STJ. SEC 1).

A alegação de invalidade de citação no processo arbitral é afastada pela prova nos autos do processo de homologação de que houve efetiva comunicação ao requerido de sua instituição (STJ. SEC 3.661).

2.11. Trânsito em julgado

O trânsito em julgado de decisão que anule a sentença arbitral impede sua homologação (STJ. SEC 1).

2.12. Questões de concurso

- *CESGRANRIO. Petrobras. 2010. Advogado.*

  De acordo com a Lei nº 9.307/96, que dispõe sobre a arbitragem, será denegada a homologação para o reconhecimento ou execução da sentença arbitral estrangeira, se constatado que

  A) a decisão ofende a ordem pública nacional.

  B) a sentença arbitral foi proferida fora do território nacional.

  C) os efeitos da decisão recairão sobre os sucessores das partes.

D) houve prévia denegação da homologação por vícios formais.

E) há voto em separado de árbitro divergente do da maioria.

Resposta: letra A.

- *CESGRANRIO. Petrobras. 2010. Administrador.*

A sentença arbitral pode ser anulada

A) a qualquer momento, após o procedimento, desde que se comprove que o compromisso arbitral é nulo.

B) se a sentença não for proferida por um juiz ou um árbitro formado em direito.

C) se for proferida fora dos limites da convenção de arbitragem.

D) se não for homologada pelo Superior Tribunal de Justiça.

E) caso uma das partes não esteja de acordo com a sentença proferida.

Resposta: letra C.

- *IESES. GasBrasiliano. 2017. Advogado.*

Assinale a alternativa incorreta:

A) Somente poderá ser negada a homologação para o reconhecimento ou execução de sentença arbitral estrangeira, quando o réu demonstrar que não foi notificado da designação do árbitro ou do procedimento de arbitragem, ou tenha sido violado o princípio do contraditório, impossibilitando a ampla defesa.

B) Somente poderá ser negada a homologação para o reconhecimento ou execução de sentença arbitral estrangeira, quando o réu demonstrar que a sentença arbitral não se tenha, ainda, tornado obrigatória para as partes, tenha sido anulada.

C) Somente poderá ser negada a homologação para o reconhecimento ou execução de sentença arbitral estrangeira, quando o réu demonstrar que a convenção de arbitragem não era válida segundo a lei à qual as partes a submeteram, ou, na falta de indicação, em virtude da lei do país onde a sentença arbitral foi proferida.

D) Somente poderá ser negada a homologação para o reconhecimento ou execução de sentença arbitral estrangeira, quando o autor demonstrar que as partes na convenção de arbitragem eram relativamente capazes.

Resposta: letra D.

► Cuidado. A questão pede a letra da lei.

- *CETRO. TJ-RJ. 2017. Titular de Serviços de Notas e de Registros.*

YZ Ltda., empresa brasileira, negociou, contratou, pagou e teve executado frete entre portos brasileiros por navio da empresa *Taking That Ltd.*

Entrementes, por conta de atraso ocorrido no porto de destino, a *Taking That Ltd.* cobrou adicionalmente da YZ Ltda. o valor de US$50.000,00. Diante do não pagamento, levou o caso à arbitragem realizada no exterior, que prosseguiu à revelia, tomando-se, por base, minuta de contrato sem justaposição de "ok" ou assinatura. Em saindo vencedor no processo arbitral para receber o valor cobrado e juros moratórios, a *Taking That Ltd.* decidiu executar a sentença estrangeira no Brasil para recebimento do que entende devido. Com vista do caso e com base no que dispõe a aplicação atual da Lei de Introdução às Normas do Direito Brasileiro e a Lei de Arbitragem, assinale a alternativa correta.

A) Dado que o contrato foi celebrado e executado, a ausência de forma escrita de cláusula compromissória não invalida o processo arbitral, uma vez que não há exigência legal brasileira; com isso, a sentença estrangeira foi proferida por autoridade competente, cumprindo requisito indispensável para a sua homologação no Brasil pelo STJ.

B) Dado que o contrato foi celebrado e executado, a ausência de forma escrita de cláusula compromissória não invalida o processo arbitral, uma vez que se trata de faculdade legal brasileira; com isso, a sentença estrangeira foi proferida por autoridade competente, cumprindo requisito indispensável para a sua homologação no Brasil pelo STF.

C) Ainda que o contrato tenha sido celebrado e executado, a ausência de forma escrita de cláusula compromissória invalida o processo arbitral consoante a teoria da competência-competência criada pela jurisprudência do STF, uma vez que compromete o requisito indispensável de a sentença estrangeira ter de ser proferida por autoridade competente, não impossibilitando, no entanto, a homologação da sentença estrangeira pelo STJ.

D) Ainda que o contrato tenha sido celebrado e executado, a ausência de forma escrita de cláusula compromissória, exigência legal brasileira, invalida o processo arbitral, uma vez que compromete o requisito indispensável de a sentença estrangeira ter de ser proferida por autoridade competente, impossibilitando, assim, a homologação da sentença estrangeira pelo STJ.

E) Ainda que o contrato tenha sido celebrado e executado, a ausência de forma escrita de cláusula compromissória, exigência legal brasileira, invalida o processo arbitral, uma vez que compromete o requisito indispensável de a sentença estrangeira ter de ser proferida por autoridade competente, impossibilitando, assim, a homologação da sentença estrangeira pelo STF.

Resposta: letra D.

Art. 39 – A homologação para o reconhecimento ou a execução da sentença arbitral estrangeira também será **denegada** se o Superior Tribunal de Justiça constatar que:

I – segundo a lei brasileira, o objeto do litígio **não é suscetível** de ser resolvido por **arbitragem**;

II – a decisão **ofende a ordem** pública nacional.

Parágrafo único. **Não será** considerada **ofensa** à ordem pública nacional a efetivação da **citação** da parte residente ou domiciliada no Brasil, **nos moldes da convenção** de arbitragem **ou da lei** processual **do país** onde se realizou a arbitragem, admitindo-se, inclusive, a citação postal com **prova** inequívoca de **recebimento**, desde que assegure à parte brasileira **tempo hábil** para o exercício do direito de **defesa**.

1. Denegação do pedido de homologação

Para que haja o deferimento do pedido de homologação da sentença arbitral estrangeira, fundamental que o objeto do litígio seja arbitrável nos termos da lei brasileira e que que a decisão do juízo arbitral não ofenda a ordem pública nacional.

Em ambas as hipóteses a decisão denegatória pode ser tomada pelo juízo estatal sem qualquer necessidade de alegação ou provocação específicas das partes.

Sobre a arbitrabilidade objetiva remeto o leitor aos comentários feitos no artigo 1º, ressaltando, todavia, a necessidade de se tratar de litígio decorrente de direito que seja patrimonial e disponível ou que decorra de efeitos patrimoniais de direitos ainda que extrapatrimoniais e indisponíveis.

Sobre a ordem pública remeto o leitor aos comentários feitos no artigo 2º, lembrando, porém, que se trata de conceito complexo a envolver preceitos essenciais de ordem política, econômica e moral, abarcando os bons costumes e a fraude direta ou indireta à lei e, embora não mencionada expressamente, a soberania nacional, sempre referida em decisões judiciais.

A ordem pública referida no dispositivo é tanto a processual quanto a material, exigindo-se, por exemplo, que haja efetiva citação da parte para responder ao processo arbitral e que a decisão arbitral seja fundamentada.

A excepcionalidade do indeferimento nessa hipótese justifica restrições do legislador e do intérprete.

1.1. Limites ao controle judicial

Ressalva a ordem pública, os bons costumes e a soberania nacional, o controle judicial é meramente formal e não alcança questões de mérito (STJ. SEC 3.035; SEC 4.439; SEC 6.335).

2. Citação do requerido no processo arbitral

Nessa linha, exige-se que a citação de residente ou domiciliado no território nacional seja feita com observância das regras convencionais ou institucionais ou, ainda, segundo a lei processual do local em que se tenha realizado o processo arbitral e, sempre, independentemente do meio adotado, que haja prova inequívoca do recebimento e que o prazo seja razoável para a apresentação da defesa.

Não há a exigência de que a citação seja feita por carta rogatória.

De qualquer maneira, a irregularidade da citação deve ser apta a trazer prejuízo real para o exercício do direito de defesa.

A participação no processo arbitral, com a apresentação da pertinente defesa, supre eventual irregularidade.

2.1. Prova do mandato

Comparecimento de representante sem procuração não supre citação (STF. SEC 5.378-1).

2.2. Questão de concurso

- *IBFC. TRF – 2ª REGIÃO. 2018. Juiz Federal.*

  Para a homologação de laudo arbitral proferido no exterior, envolvendo réu domiciliado no Brasil:

  A) A citação para o procedimento arbitral deve ter sido feita pela via de carta rogatória citatória.

  B) A citação para o procedimento arbitral pode ter sido feita pela via postal, com prova inequívoca de recebimento.

  C) A citação para o procedimento arbitral é presumida pelo comparecimento do réu ao procedimento de *exequatur*.

  D) A citação para o procedimento arbitral deve ter observado a legislação aplicável ao mérito da arbitragem.

  E) A citação para o procedimento arbitral deve ter sido feita por edital.

  Resposta: letra B.

3. Fundamentação da decisão arbitral

A decisão arbitral há de conter a exposição de seus fundamentos de fato e de direito, sem o que o controle judicial em sede de ação, homologação ou impugnação não se mostra possível em sua plenitude, especialmente quanto a preceitos de ordem pública.

Essa fundamentação, todavia, não necessita ser extensa e exauriente, admitindo-se que seja concisa, segundo práticas e regras admitidas no local em que processada a arbitragem.

As regras convencionais e institucionais devem ser observadas quanto a isso.

3.1. Fundamentação concisa

Não fere a ordem pública a fundamentação concisa da decisão arbitral (STJ. SEC 5.692).

4. Ampliação do conceito de ordem pública

As normas regimentais ampliam o conceito de ordem pública de modo que possibilitam a denegação do pedido de homologação quando a sentença ferir a soberania nacional, a coisa julgada e a dignidade humana.

4.1. Ordem pública

Fere a ordem pública a ausência de prova da existência da convenção arbitral (STJ. SEC 866).

Fere a ordem pública a ausência de expressa escolha da arbitragem para solução do litígio (STF. SEC 6.753-7; STJ. SEC 967).

4.2. Questão de concurso

- *CESGRANRIO. Petrobras. 2010. Advogado.*

  De acordo com a Lei nº 9.307/96, que dispõe sobre a arbitragem, será denegada a homologação para o reconhecimento ou execução da sentença arbitral estrangeira, se constatado que

  A) a decisão ofende a ordem pública nacional.

  B) a sentença arbitral foi proferida fora do território nacional.

  C) os efeitos da decisão recairão sobre os sucessores das partes.

  D) houve prévia denegação da homologação por vícios formais.

  E) há voto em separado de árbitro divergente do da maioria.

  Resposta: letra A.

5. Competência judicial exclusiva

A lei processual civil veda a homologação de decisão que verse sobre tema contido em competência exclusiva da autoridade judiciária brasileira.

6. Recursos cabíveis

Cabe agravo das decisões proferidas pelo presidente e pelo relator no processo de homologação de sentença estrangeira e recurso extraordinário contra as decisões do órgão especial.

7. Execução da decisão homologatória

A execução da decisão homologatória cabe ao juízo federal de primeiro grau.

Art. 40 – A **denegação** da homologação para reconhecimento ou execução de sentença arbitral estrangeira por vícios **formais**, **não obsta** que a parte interessada **renove** o pedido, uma vez **sanados** os vícios apresentados.

1. Denegação por vícios formais

A denegação do requerimento de homologação da sentença arbitral estrangeira pode ocorrer por vícios que afetem aspectos formais do processo.

Nessas situações, a extinção ocorre sem resolução do mérito e a decisão não faz coisa julgada material; bem por isso, a parte pode renovar o pedido, instaurando novo processo de homologação perante o Superior Tribunal de Justiça.

Importante notar, todavia, que os vícios formais a que se refere a lei são relativos ao processo judicial, como, por exemplo, a ausência de legalização consular ou apostilamento notarial da cópia da sentença arbitral.

Se, porém, o motivo da denegação foi vício formal do processo arbitral ou da sentença homologanda, a decisão é sobre o mérito da causa faz coisa julgada material.

2. Ampliação da noção de interesse processual

Pedido pode ser feito por qualquer pessoa interessada nos efeitos da sentença, ainda que não tenha participado do processo arbitral (STJ. SEC 3.035).

Capítulo VII
Disposições Finais

Art. 41 – Os **arts. 267, inciso VII; 301, inciso IX; e 584, inciso III**, do Código de Processo Civil passam a ter a seguinte **redação:**

"Art. 267..

VII – pela convenção de arbitragem;»

"Art. 301..

IX – convenção de arbitragem;»

"Art. 584..

III – a sentença arbitral e a sentença homologatória de transação ou de conciliação;"

1. Legislação revogada

A lei de arbitragem alterou o inciso VII do artigo 267, IX do 301 e III do 584, todos do revogado Código de Processo Civil de 1973, de modo a dar-lhes nova redação, conferindo à convenção arbitral caráter de pressuposto processual negativo a ser alegado pela parte a quem aproveitar em contestação e qualificando a sentença arbitral como título executivo judicial.

Todos esses dispositivos foram alterados ou revogados por normas posteriores, finalizando por receber inteira regulação com o Código de Processo Civil de 2015.

2. Novas disposições processuais

O Código de Processo Civil de 2015 dispõe sobre os temas referidos nos artigos 337, 485 e 515, em consonância com a natureza de equivalente jurisdicional reconhecida à arbitragem na atualidade.

Assim, cabe à parte a quem aproveitar, antes do mérito, alegar, sob pena de preclusão, a existência de convenção arbitral, vedado ao juiz conhecer da matéria sem provocação.

Acolhendo a alegação da existência de convenção arbitral ou caso o juízo arbitral reconheça-se como competente, o juízo estatal deve extinguir o processo sem resolução do mérito.

A sentença proferida pelo juízo arbitral é equivalente à proferida pelo juízo estatal e, portanto, qualifica-se como título executivo judicial. Se estrangeira, porém, depende de reconhecimento judicial.

2.1. Convenção como causa extintiva do processo judicial

A ação de anulação de acordo judicial em que prevista arbitragem ajuizada antes de submissão ao juízo arbitral deve ser extinta sem resolução do mérito (STJ. REsp 1.288.251; REsp 1.302.900).

Existente convenção arbitral deve o processo ser julgado extinto sem resolução do mérito (STJ. REsp 612.439; REsp 712.566).

A existência de convenção arbitral obriga as partes à via eleita e impõe ao juízo estatal a extinção sem resolução do mérito (REsp 791.260).

2.2. Questões de concurso

- *FCC. BACEN. 2006. Procurador.*

  Existindo convenção de arbitragem, o Juiz

  A) extinguirá o processo com apreciação do mérito.

B) suspenderá o processo até que o árbitro apresente seu laudo.

C) de ofício, poderá extinguir o processo sem apreciação do mérito.

D) se alegada pelo réu, extinguirá o processo sem apreciação do mérito.

E) transformará o processo judicial em arbitragem, nomeando árbitro para dirimir o litígio.

Resposta: letra D.

- *FCC. TRT – 20ª REGIÃO (SE). 2006. Analista Judiciário – Área Judiciária.*

Extingue-se o processo sem julgamento de mérito

A) quando o juiz pronunciar a prescrição.

B) quando o réu reconhecer a procedência do pedido do autor.

C) quando as partes transigirem.

D) quando o autor renunciar ao direito sobre o qual se funda a ação.

E) pela convenção de arbitragem.

Resposta: letra E.

- *FCC. TRT – 20ª REGIÃO (SE). 2006. Técnico Judiciário – Área Administrativa.*

Não é causa de suspensão do processo a

A) convenção de arbitragem.

B) morte do procurador de uma parte.

C) oposição de exceção de suspeição do juiz.

D) morte de quaisquer das partes.

E) oposição de exceção de impedimento do juiz.

Resposta: letra A.

- *FUNDAÇÃO SOUSANDRADE. AGEHAB. 2010. Advogado.*

Extingue-se o processo sem resolução do mérito quando:

A) o juiz pronunciar a decadência ou a prescrição.

B) as partes transigirem.

C) houver convenção de arbitragem.

D) o autor renunciar ao direito sobre que se fundamenta a ação.

E) o réu reconhecer a procedência do pedido.

Resposta: letra C.

- *Nosso Rumo. Prefeitura de Mairinque – SP. 2011. Advogado.*

Extingue-se o processo, sem resolução de mérito

A) quando o juiz acolher ou rejeitar o pedido do autor.

B) pela convenção de arbitragem.

C) quando o réu reconhecer a procedência do pedido.

D) quando as partes transigirem.

E) quando o juiz pronunciar a decadência ou a prescrição.

Resposta: letra B.

- *COPESE – UFT. DPE-TO. 2012. Analista Jurídico.*

Conforme previsto no Código de Processo Civil, suspende-se o processo, exceto:

A) (...)

B) Pela convenção de arbitragem.

C) (...)

D) (...)

Resposta: letra B.

- *FCC. TRT – 6ª Região (PE). 2012. Analista Judiciário – Área Judiciária.*

Extingue-se o processo sem resolução do mérito

A) quando as partes transigirem.

B) se o Juiz rejeitar integralmente o pedido do autor.

C) pela convenção de arbitragem.

D) se o Juiz pronunciar a prescrição ou decadência.

E) se o autor renunciar ao direito sobre que se funda a ação ou o réu reconhecer a procedência do pedido.

Resposta: letra C.

- *CONSULPLAN. TJ-MG. 2015. Titular de Serviços de Notas e de Registros.*

Entre as hipóteses abaixo descritas, não é causa de suspensão do processo civil:

A) (...)

B) (...)

C) (...)

D) A existência de convenção de arbitragem.

Resposta: letra D.

- *IBFC. Câmara de Franca – SP. 2016. Advogado.*

Consoante o disposto no Código de Processo Civil vigente, o juiz não resolverá o mérito quando:

A) (...)

B) acolher a alegação de existência de convenção de arbitragem.

C) (...)

D) (...)

Resposta: letra B.

- *CESPE. TCE-MG. 2018. Analista de Controle Externo – Direito.*

Caberá ao juiz não resolver o mérito quando

A) (...)

B) (...)

C) (...)

D) (...)

E) acolher a alegação de existência de convenção de arbitragem.

Resposta: letra E.

- *VUNESP. Câmara de Itaquaquecetuba – SP. 2018. Procurador Jurídico.*

Assinale, das situações a seguir, a que retrata uma sentença de mérito.

A) Extinção do feito por inércia das partes.

B) Reconhecimento de perempção.

C) Homologação de transação.

D) Reconhecimento de ilegitimidade de parte.

E) Acolhimento de convenção de arbitragem.

Resposta: letra C.

- *CESGRANRIO. Petrobras. 2010. Advogado.*

Empresa brasileira, ao final de uma dura negociação de um contrato com uma empresa francesa, concorda em incluir no referido contrato uma cláusula arbitral. A sede da arbitragem será no Brasil, e as regras escolhidas são as da Câmara de Comércio Internacional – CCI. Poucas semanas depois da assinatura do contrato, a empresa brasileira descobre que algumas informações prestadas pela empresa francesa quanto à sua capacidade financeira, incluídas como exigências no contrato, não estavam corretas. Imediatamente, tem início uma ação na justiça brasileira contra a filial brasileira da empresa francesa contratante. O juiz a quem for distribuído o processo

A) deve julgá-lo normalmente, pois há competência da justiça brasileira, nesse caso, à luz do artigo 88 do Código de Processo Civil.

B) deve extinguir a causa sem julgamento do mérito, em razão da existência e da autonomia da cláusula arbitral.

C) deve encaminhar o pedido à Câmara de Comércio Internacional de Paris, por meio de carta rogatória ativa.

D) deve extinguir a causa sem julgamento do mérito, pois a filial da empresa francesa não é parte integrante do contrato.

E) pode solicitar informações sobre a idoneidade da empresa francesa, por meio do auxílio direto, antes de decidir sobre a sua competência.

Resposta: letra B.

- *FAU. Prefeitura de Chopinzinho – PR. 2016. Procurador.*

Assinale a alternativa incorreta, em relação a extinção do processo:

A) Extingue-se o processo sem resolução do mérito quando ocorrer confusão entre autor e réu.

B) A convenção de arbitragem implica extinção do processo com resolução do mérito.

C) Haverá resolução de mérito quando as partes transigirem.

D) Quando não concorrer qualquer das condições da ação, como a possibilidade jurídica, a legitimidade das partes e o interesse processual, extingue-se o processo sem resolução do mérito.

E) Quando o autor renunciar ao direito sobre que se funda a ação, haverá extinção com resolução do mérito.

Resposta: letra B.

- *FCC. Prefeitura de Teresina – PI. 2016. Analista – Administrador.*

Extingue-se o processo, sem resolução do mérito, quando o juiz

A) reconhecer existência de prescrição.

B) homologar transação.

C) homologar renúncia à pretensão ou julgar procedente o pedido em razão de reconhecimento jurídico.

D) julgar reconvenção improcedente.

E) acolher alegação de existência de convenção de arbitragem.

Resposta: letra E.

Art. 42 – O **art. 520** do Código de Processo Civil passa a ter **mais um inciso**, com a seguinte redação:

"Art. 520...

VI – julgar procedente o pedido de instituição de arbitragem.»

1. Legislação revogada

A lei de arbitragem inseriu o inciso VI no artigo 520, do revogado Código de Processo Civil de 1973, de modo a conferir efeito meramente devolutivo à apelação contra a sentença que julgue procedente o pedido de instituição de arbitragem.

Esse dispositivo foi revogado por força da inteira regulação com o Código de Processo Civil de 2015.

2. Novas disposições processuais

O Código de Processo Civil de 2015 dispõe sobre os temas referidos nos artigos 1.012 e 1.015, emprestando-se à arbitragem confiança estatal com a presunção de válida previsão da convenção arbitral.

Nessa linha, cabe apelação, sem efeito suspensivo, contra a sentença judicial que julgar procedente o pedido de instituição da arbitragem e cabe agravo de instrumento contra a decisão interlocutória que julgar o pedido improcedente.

2.1. Questões de concurso

- *FCC. TJ-AP. 2009. Analista Judiciário – Área Judiciária – Execução de Mandados.*

  O recurso cabível da sentença que julga procedente o pedido de instituição de arbitragem e da sentença que confirma a antecipação dos efeitos da tutela é o de

  A) agravo de instrumento.

  B) apelação, só no efeito devolutivo.

  C) apelação, no efeito devolutivo e suspensivo e apelação só no efeito devolutivo, respectivamente.

  D) apelação, só no efeito devolutivo e apelação, no efeito devolutivo e suspensivo, respectivamente.

  E) apelação, no efeito devolutivo e suspensivo.

  Resposta: letra B.

- *MPDFT. 2009. Promotor de Justiça.*

  O recurso de apelação será recebido em seu efeito devolutivo e suspensivo. Será, no entanto, recebido só no efeito devolutivo, quando interposto de decisão que

  A) homologar a demarcação.

  B) julgar procedente o pedido de instituição de arbitragem.

  C) confirmar a antecipação dos efeitos da tutela.

  D) determinar o levantamento de quantia em dinheiro sem caução idônea.

  E) decidir o processo cautelar.

  Resposta: letra B

- *MPE-MG. 2012. Promotor de Justiça.*

  A apelação será recebida em seu efeito devolutivo e suspensivo. Será, no entanto, recebida só no efeito devolutivo, quando interposta de sentença que:

  A) homologar a divisão ou a demarcação.

B) julgar procedente o pedido de instituição de arbitragem.

C) decidir o processo cautelar.

D) julgar a liquidação de sentença.

Resposta: letra B.

- *FUNDEP (Gestão de Concursos). Prefeitura de Nossa Senhora do Socorro – SE. 2014. Procurador Municipal.*

Sobre apelação, é correto afirmar que

A) (...)

B) a apelação interposta contra sentença que julgou o pedido de instituição de arbitragem será recebida no efeito meramente devolutivo.

C) (...)

D) (...)

E) (...)

Resposta: letra B.

- *VUNESP. SAEG. 2015. Advogado.*

Pelo princípio da unirrecorribilidade recursal para cada ato judicial caberá um recurso específico. Sobre este tema, é correto afirmar que caberá

A) agravo de instrumento da decisão que extingue a execução ao julgar procedente a impugnação ao cumprimento de sentença apresentada pelo executado.

B) apelação que será recebida no seu duplo efeito contra sentença que confirmar a antecipação de tutela.

C) agravo de instrumento da decisão proferida em sede de audiência de instrução e julgamento que indefere a contradita apresentada por uma das partes.

D) apelação que deverá ser recebida apenas no efeito devolutivo contra sentença que julga procedente o pedido de instituição de arbitragem.

E) embargos infringentes da decisão não unanime do Tribunal que houver julgado improcedente ação rescisória.

Resposta: letra D.

- *VUNESP. TJ-RS. 2018. Juiz de Direito.*

Quanto à arbitragem em geral, assinale a alternativa correta.

A) Terá efeito suspensivo a apelação contra sentença que julga procedente o pedido de instituição de arbitragem.

B) O juiz poderá conhecer de ofício sua existência para extinguir a ação.

C) Cabe agravo de instrumento contra decisão interlocutória que rejeita a alegação de convenção de arbitragem.

D) Tramitam em segredo de justiça todos os processos que versem sobre arbitragem.

E) Haverá julgamento de mérito quando o juiz acolher a alegação de existência de convenção de arbitragem.

Resposta: letra C.

Art. 43 – Esta Lei entrará em **vigor** sessenta dias **após a data** de sua publicação.

1. Vigência

A lei de arbitragem foi promulgada em 23 de setembro de 1996 e publicada no dia seguinte, vigorando após sessenta dias.

Normalmente vincula-se a doutrina da irretroatividade das leis ao respeito do direito adquirido, do ato jurídico perfeito e da coisa julgada.

A lei, assim, não apanha os fatos pretéritos, mas alcança os efeitos presentes e futuros de fatos consumados no passado.

Essa afirmação, porém, merece temperamentos a depender de se tratar de lei material ou processual.

E foi justamente nessa linha que seguiu a jurisprudência, firmando o entendimento de que a lei de arbitragem alcança contratos que contenham cláusula arbitral e tenham sido firmados antes de sua vigência, porque a lei seria, nesse aspecto, de natureza processual.

1.1. Aplicação imediata da lei de arbitragem

A lei de arbitragem, por sua natureza processual, aplica-se à homologação de sentenças estrangeiras proferidas anteriormente à sua vigência (STF. SEC 5.828).

A lei de arbitragem aplica-se aos contratos celebrados anteriormente à sua vigência que contenham cláusula arbitral (STJ, Súmula 485; REsp 712.566; REsp 791.260; REsp 933.371; REsp 934.771; SEC 349; SEC 831; SEC 894).

1.2. Questão de concurso

- *TJ-SC. 2013. Prova: Juiz de Direito*

  Assinale a alternativa incorreta:

A) A dispensa de reexame necessário, quando o valor da condenação ou do direito controvertido for inferior a 60 (sessenta) salários mínimos, não se aplica a sentenças ilíquidas.

B) Reconhecida a continência, devem ser reunidas na Justiça Federal as ações civis públicas propostas nesta e na Justiça Estadual.

C) A Lei de Arbitragem aplica-se aos contratos que contenham cláusula arbitral, ainda que celebrados antes da sua edição.

D) Admite-se que o preparo seja efetuado no primeiro dia útil subsequente, quando a interposição do recurso ocorrer após o encerramento do expediente bancário.

E) A falta de ajuizamento da ação principal no prazo legal acarreta a perda da eficácia da liminar deferida, mas não a extinção do processo cautelar.

Resposta: letra E.

Art. 44 – Ficam **revogados** os arts. 1.037 a 1.048 da Lei nº 3.071, de 1º de janeiro de 1916, Código Civil Brasileiro; os arts. 101 e 1.072 a 1.102 da Lei nº 5.869, de 11 de janeiro de 1973, Código de Processo Civil; e demais disposições em contrário.

1. Critério temporal

A lei de arbitragem, promulgada em 23 de setembro de 1996, revogou expressamente diversos artigos do Código Civil de 1916 e do Código de Processo Civil de 1973 referentes à arbitragem.

A letra e o espírito de ambos os Códigos eram totalmente contrários ao sistema da atual lei de arbitragem, tratando a jurisdição arbitral como subordinada a jurisdição judicial.

Os artigos 1.037 a 1.048 do antigo Código Civil regulavam o compromisso arbitral, regulando seu alcance, sua forma e seu conteúdo, chegando a prever até mesmo a possibilidade recursal além da obrigatória homologação.

Os artigos 101 e 1.072 a 1.102 do antigo Código de Processo Civil regulavam o juízo arbitral, a começar pela regulação do compromisso arbitral, dos árbitros e do procedimento arbitral e da homologação da sentença arbitral que, à época, dando o sinal da diferença de princípio, era chamada de laudo arbitral que só com a devida confirmação judicial poderia ser executado.

2. Critério da especialidade

Os novos Códigos Civil, de 2002, e de Processo Civil, de 2015, como leis gerais, estão em relativa consonância com a atual lei de arbitragem.

O novo Código Civil, de 2002, dedicou apenas três artigos à arbitragem, mencionando o compromisso arbitral e a cláusula compromissória e vedando seu uso para questões de estado, direito pessoal de família e outras estritamente não-patrimoniais e, no mais, remetendo à lei especial.

O novo Código de Processo Civil, de 2015, aborda questões afetas à arbitragem em vinte e cinco dispositivos, mas, significativamente, não tem uma parte própria para o instituto.

A lei processual nova dá tratamento de equivalente jurisdicional à arbitragem, expressamente nominando a decisão proferida ao final como sentença arbitral, qualificando-a como título executivo judicial, mantendo a homologação apenas para a sentença estrangeira, e, coerentemente, deixando o mais para a lei especial e sua regulação sistemática.

Brasília, 23 de setembro de 1996; 175º da Independência e 108º da República.

FERNANDO HENRIQUE CARDOSO

Nelson A. Jobim

Lei nº 13.140, de 26 de junho de 2015 – Mediação

A PRESIDENTA DA REPÚBLICA

Faço saber que o Congresso Nacional decreta e eu sanciono a seguinte Lei:

Art. 1º Esta Lei dispõe sobre a **mediação como meio de solução de controvérsias entre particulares** e sobre a **autocomposição de conflitos no âmbito da administração pública**.

Parágrafo único. Considera-se mediação a **atividade técnica** exercida por **terceiro imparcial sem poder decisório**, que, escolhido ou aceito pelas partes, as **auxilia e estimula** a identificar ou desenvolver **soluções consensuais** para a controvérsia.

1. Noção doutrinária de autocomposição

Ao comentar o artigo 1º da lei de arbitragem, estabeleci distinções entre meios heterocompositivos e meios autocompositivos, dizendo que naqueles há imposição da solução por terceiro e nestes não.

Assim, a autocomposição é gênero caraterizado pela busca de soluções consensualmente entre as próprias partes, sendo suas espécies a negociação, a mediação e conciliação.

Enquanto na negociação o terceiro, quando presente, é parcial, na mediação e na conciliação o terceiro, sempre presente, é imparcial.

Mediadores e conciliadores são facilitadores da aproximação das partes que se distinguem em razão da atuação menos ou mais incisiva, a depender de se limitarem a criar condições para as partes solucionarem a controvérsia (mediadores) ou com elas participarem na formulação da proposta de solução (conciliadores).

1.1. Questões de concurso

- *TRT 15ª Região (SP). 2008. Juiz do Trabalho.*

No concernente à arbitragem e à mediação, assinale a assertiva incorreta:

A) o mediador não assume poderes decisórios perante as partes, as quais preservam toda a autonomia quanto à fixação da solução final do litigio;

B) o árbitro não assume poderes decisórios perante as partes, as quais preservam toda a autonomia quanto à fixação da solução final do litígio;

C) a mediação é realizada por terceiro estranho às partes em dissenso;

D) a arbitragem é realizada por terceiro estranho às partes em dissenso;

E) a arbitragem resulta de ajuste de vontade das partes efetivado mediante convenção de arbitragem.

Resposta: letra B. A questão pedia a alternativa incorreta.

- *IADES. ARCON-PA. 2018. Auxiliar.*

De acordo com a Lei Federal nº 8.987/1995, com relação ao contrato de concessão, assinale a alternativa correta.

A) (...)

B) (...)

C) (...)

D) (...)

E) O emprego de mecanismos privados para resolução de disputas decorrentes ou relacionadas ao contrato, inclusive a arbitragem, poderá ser previsto no contrato de concessão.

Resposta: letra E.

- *IBGP. PBH Ativos S.A. 2018. Analista Jurídico.*

De acordo com a Lei Federal nº 8.987/95, que regulamenta o regime de concessão e permissão da prestação de serviços públicos previsto no art. 175 da Constituição da República Federativa do Brasil (CF/1998), é **correto** afirmar que:

A) (...)

B) (...)

C) O contrato de concessão poderá prever o emprego de mecanismos privados para resolução de disputas decorrentes ou relacionadas ao contrato, inclusive a arbitragem, a ser realizada no Brasil e em língua portuguesa.

D) (...)

Resposta: letra C.

- *IBFC. TRF – 2ª REGIÃO. 2018. Juiz Federal.*

Com relação à aplicabilidade dos meios consensuais de solução de conflitos que envolvam o poder público, é correto afirmar que:

A) eles não se aplicam à administração pública. A inafastabilidade da jurisdição decorrente da soberania impede a administração de negociar e firmar acordos com particulares.

B) o interesse público não pode ser objeto de transação pela administração. Nesse sentido, o campo de atuação desses meios consensuais no direito administrativo é muito restrito pela indisponibilidade do interesse público.

C) a supremacia do interesse público sobre o particular não legitima a realização de mediação e/ou arbitragem em conflitos em que a administração pública é parte.

D) Lei n. 13.140 de 26.06.2015 – Lei de Mediação – permite a autocomposição de conflitos como meio de solução de conflitos que envolvam a administração pública, incluindo no seu objeto os direitos disponíveis e os indisponíveis que admitam transação.

E) é cabível a utilização da arbitragem em conflitos decorrentes de contratos de concessões e permissões de serviços públicos, cujo objeto envolvam atos de gestão e de império da administração.

Resposta: letra D.

- *FCC. TRE-SP. 2012. Analista Judiciário – Psicologia.*

A interferência em uma negociação ou em um conflito de uma terceira parte, tendo poder de decisão limitado ou não-autoritário, e que ajuda as partes envolvidas a chegarem voluntariamente a um acordo aceitável com relação às questões em disputa, é denominada

A) mediação.

B) resolução.

C) contenda.

D) arbitragem.

E) conciliação.

Resposta: letra E.

- *FCC. CETAM. 2014. Técnico – Psicologia.*

Trata-se da abordagem de um conflito entre duas partes, que não possuem relacionamento significativo no passado ou contínuo a futuro, portanto, preferem buscar um acordo de forma imediata para por fim à controvérsia ou ao processo judicial. O terceiro não tem vínculo com nenhuma das partes e pode atuar com mais liberdade e fazê-las refletir sobre as sugestões apresentadas, que nunca são impositivas ou vinculativas. Este método de resolução de conflitos, que visa tão somente ao acordo, é a

A) conciliação.

B) mediação.

C) arbitragem.

D) negociação.

E) conexão.

Resposta: letra A.

- *FCC. TRT – 18ª Região (GO). 2014. Juiz do Trabalho.*

Considerando o posicionamento doutrinário sobre mediação e arbitragem, analise as proposições abaixo.

I. Mediação consiste na conduta pela qual determinado agente, considerado terceiro imparcial em face dos interesses contrapostos e das respectivas partes conflituosas, busca auxiliá-las e, até mesmo, instigá-las à composição, cujo teor será, porém, decidido pelas próprias partes.

II (...)

III (...)

IV (...)

- *IBFC. TJ-PE. 2017. Analista Judiciário – Psicologia.*

Um dos papeis importantes da Psicologia, quando inserida na área do Direito, é apresentar métodos para a solução de conflitos. De acordo com PINHEIRO (2016) há a possibilidade de utilizarmos cinco métodos, a saber: o julgamento, a arbitragem, a negociação, a conciliação e a mediação. Com relação ao papel do conciliador e do mediador, analise as afirmativas abaixo:

I. O conciliador envolve-se na busca de soluções, além de interferir e questionar os litigantes.

II. Tanto o conciliador quanto o mediador não têm o poder de decisão.

III. Na conciliação busca-se identificar razões ocultas que geraram o conflito.

IV. O mediador propõe sugestões.

Estão corretas as afirmativas:

A) I e II apenas

B) IV apenas

C) I, II e III apenas

D) III apenas

E) Todas estão corretas

Resposta: letra A.

- *TRT – 15ª Região (SP). 2008. Juiz do Trabalho.*

Em matéria de conflitos coletivos de trabalho é incorreto afirmar que:

A) solucionam-se normalmente por meio de fórmulas autocompositivas ou heterocompositivas;

B) frustrada a negociação coletiva, as partes poderão eleger árbitros;

C) a greve pode surgir como fórmula de autotutela;

D) a autocomposição se verifica por meio da arbitragem;

E) a lei brasileira determina que o tribunal prolator da sentença normativa fixe o prazo de sua vigência, o qual não poderá ser superior a 4 (quatro) anos.

Resposta: letra D.

- *FGV. AL-RO. 2018. Assistente social.*

A mediação surge como instrumento alternativo de resolução dos conflitos no âmbito familiar, como um espaço de escuta para o exercício da autonomia individual, com participação direta dos envolvidos no processo de ruptura conjugal, com a realização de acordos e ajustes mais adequados às necessidades e aos desejos dos mediados.

Neste sentido, uma das características da mediação é a

A) presença de um profissional, quando se verifica o descumprimento de cláusulas de separação e divórcio.

B) arbitragem, de acordo com o problema apresentado pelas partes.

C) solução que é imposta pela sentença, quando não aceita pelas partes, ou pelo menos por uma delas.

D) interferência de um terceiro em uma negociação ou em um conflito.

E) obrigatoriedade de um procedimento, do qual decorre a responsabilização dos envolvidos no cumprimento do que foi ajustado.

Resposta: letra D.

- *TRT – 14ª Região (RO e AC). 2008. Juiz do Trabalho.*

Considerando as proposições abaixo, assinale a alternativa verdadeira:

I. A mediação e a arbitragem constituem modalidades de heterocomposição dos conflitos coletivos e individuais de trabalho, cuja solução dá-se mediante a intervenção de agente estranho à relação conflituosa.

II. (...)

III. (...)

IV. (...)

- *CESPE. TRF – 5ª REGIÃO. 2011. Juiz Federal.*

Paulo e Hélio, maiores de idade e capazes, não tendo entrado em acordo quanto ao pagamento de dívida que o segundo contraíra com o primeiro, concluíram que seria necessária a intervenção de terceiro, capaz de propor solução para o problema. Levaram, então, o caso ao conhecimento de Lúcio, professor emérito da faculdade onde Paulo e Hélio estudavam, que propôs que apenas dois terços da dívida fossem pagos no prazo de trinta dias, o que foi aceito pelos interessados. Com base nessa situação hipotética, assinale a opção correta.

A) Ao aceitarem a solução intermediária, os interessados realizaram autocomposição.

B) Configura-se, no caso, a autotutela, dada a inexistência de intervenção do Estado-juiz.

C) A figura do terceiro que conduz os interessados a solução independentemente de intervenção judiciária indica a ocorrência de mediação.

D) Como a solução proposta se fundamenta na regra jurídica aplicável e tem executividade própria, trata-se de verdadeira jurisdição.

E) Dada a ocorrência de solução por intervenção de terceiro, fica caracterizada a arbitragem.

Resposta: letra A.

- *CESPE. DPU. 2010. Psicólogo.*

Em relação aos conflitos característicos das relações interpessoais e grupais, assinale a opção correta.

A) (...)

B) (...)

C) (...)

D) A mediação e a arbitragem são formas de resolução de conflitos que dependem da atuação de uma terceira pessoa não envolvida diretamente no conflito.

E) (...)

Resposta: letra D.

- *FGV. TJ-SC. 2015. Assistente social.*

Sobre as formas alternativas de resolução de conflitos, ou justiças emergentes, disseminadas tanto na esfera judicial como extrajudicial, é correto afirmar que:

A) a mediação se consolida como mais um campo de trabalho para os assistentes sociais, uma vez que suas técnicas integram o arsenal técnico-operativo do Serviço Social;

B) o sistema autocompositivo estatal prepondera sobre o não-estatal porque garante legalidade e legitimidade aos acordos firmados;

C) a arbitragem é um processo autocompositivo no qual as partes em disputa são auxiliadas por um terceiro, neutro ao conflito, para ajudá-las a chegar a um acordo;

D) a conciliação é um método não-adversarial, na medida em que as partes atuam juntas e de forma cooperativa, objetivando uma solução mais imediata para a controvérsia;

E) a mediação familiar, uma modalidade exclusivamente extrajudicial, visa a obtenção de acordos sobre questões decorrentes da ruptura conjugal.

Resposta: letra D.

2. Noção legal de autocomposição

No artigo sob comento, a lei separa a mediação e a autocomposição sem exatamente considerar a relação entre espécie e gênero, mas em razão do âmbito de utilização, reservando a primeira para as controvérsias entre particulares e a segunda para as que envolvam a administração pública.

Talvez a distinção legal parta do pressuposto de que, sendo promovida por agentes e órgãos da própria administração, faltaria à esta inominada espécie de autocomposição o requisito da imparcialidade característica da mediação e da conciliação, não chegando a ser, todavia, uma simples negociação.

A conciliação não é mencionada, sendo prevista e regulada na lei processual civil posteriormente promulgada, sem maiores implicações para efeitos da análise desta lei de mediação.

3. Definição de mediação

Consoante à doutrina, a lei adota uma definição de mediação que reúne suas características elementares: tecnicidade, alteridade, imparcialidade, consensualidade.

Como atividade técnica, a mediação volta-se à compreensão da dinâmica do conflito e não propriamente à sua solução segundo parâmetros normativos. Bem por isso, a aproximação entre as partes para que se reconheçam em suas posições e reconheçam o outro em suas particularidades é fundamental.

O terceiro, então, não toma partido, não se identifica com esta ou aquela posição, mas com a sua tarefa de facilitador do restabelecimento da comunicação para que as próprias partes cheguem à solução que e se entenderem adequada.

A referência legal a terceiro escolhido ou aceito pelas partes procura dar conta da distinção entre a mediação extrajudicial e a mediação judicial que, como veremos, variam na amplitude da autonomia da vontade.

4. Caráter da lei de mediação

A lei, por ser processual, tem caráter nacional e, bem por isso, é de observância obrigatória para todos os entes federativos, impondo-se como dever aos poderes públicos em seus diversos níveis governamentais. Nada impede, todavia, que lei estadual regule aspectos procedimentais que respeitem os princípios fundamentais fixados na norma nacional.

4.1. Competência legislativa estadual

Lei estadual pode regular procedimento de homologação judicial de acordo (STF. ADI 2.922).

Capítulo I
Da Mediação
Seção I
Disposições Gerais

Art. 2º – A mediação será orientada pelos seguintes **princípios**:

I – **imparcialidade** do mediador;

II – **isonomia** entre as partes;

III – **oralidade;**

IV – **informalidade;**

V – **autonomia** da vontade das partes;

VI – busca do **consenso;**

VII – **confidencialidade;**

VIII – **boa-fé.**

§ 1º Na hipótese de existir previsão contratual de **cláusula de mediação**, as partes **deverão comparecer** à primeira reunião de mediação.

§ 2º **Ninguém será obrigado** a permanecer em procedimento de mediação.

1. Princípios da mediação

A lei elenca os princípios pelos quais deve se reger a interpretação e aplicação da lei de mediação e pelos quais mediadores e partes devem se conduzir nos procedimentos.

A previsão do artigo sob comento não esgota os princípios e deve ser complementada pelas disposições presentes na lei processual e em resoluções normativas.

Assim, são princípios expressos na lei de mediação os seguintes: imparcialidade, isonomia, oralidade, informalidade, autonomia, consensualidade, confidencialidade e eticidade.

1.1. Princípios aplicáveis ao mediador

A imparcialidade do mediador decorre da própria natureza da mediação e exige postura equidistante das partes, disto decorrendo, inclusive, o dever de tratamento isonômico a elas deferido.

Sujeito imparcial é não apenas o que guarda distância dos interesses de cada qual das partes, mas que não tenha qualquer relação de dependência, seja de que natureza for, em relação a uma ou a ambas as partes.

A independência, então, prevista como princípio na lei processual, relaciona-se com a imparcialidade do mediador e a isonomia entre as partes.

A lei de mediação, como veremos, prevê a aplicação das mesmas hipóteses de impedimento e suspeição aplicáveis ao juiz, impõe ao mediador o dever de revelação de circunstâncias que afetem sua independência e imparcialidade e, assim, permite sua recusa pelas partes.

1.2. Princípios aplicáveis ao procedimento

A informar o procedimento, temos os princípios da oralidade, da informalidade e da autonomia que dão o tom da mediação como atividade cujas regras podem ser definidas de comum acordo pelas partes, seja por meio de declaração contida em ato específico ou em cláusula de mediação ou, ainda, por meio da remissão às regras previstas em regulamento institucional, com ou sem adaptações que desejarem.

1.3. Princípios aplicáveis a todos os sujeitos do procedimento

Além de sua aplicação à definição das regras procedimentais, a autonomia, como fundamento da mediação, alcança todos os seus momentos e exige que as partes tenham condições de expressar livre e conscientemente suas opiniões e posições.

1.3.1. Consensualidade

Não se cogita de real consenso, assim, de observância do princípio da consensualidade, sem que as partes se manifestem de modo livre e consciente e, nesse sentido, o princípio da decisão informada previsto na lei processual se relaciona com a autonomia da vontade das partes e com a busca do consenso e impõe dever de transparência a todos os envolvidos acerca de questões de direito e de fato que possam influenciar na tomada da decisão seja quanto à adoção do procedimento seja quanto à solução alcançada.

1.3.2. Confidencialidade

Outro importante princípio é o da confidencialidade, embora admita exceções relevantes que serão vistas em seu tempo próprio.

Nas arbitragens a confidencialidade é prática comum e fundamentada na inexigibilidade legal de publicidade, salvo para as que envolvam a administração pública. Mas não chega a ser princípio ou regra de direito.

Nas mediações, ao contrário, a confidencialidade é alçada à condição de princípio sempre com vistas a permitir que as partes se expressem honesta e transparentemente.

A confidencialidade tem tanta importância que a lei processual impõe dever de sigilo de modo que não podem divulgar a quem quer que seja, mesmo ao juiz da causa, informações que chegaram ao seu conhecimento no curso do procedimento.

A lei de mediação, como mais à frente veremos, proíbe que o mediador seja testemunha ou atue como árbitro e, ainda, proíbe que atue de qualquer forma, por um ano, para quaisquer das partes e, em definitivo, se a questão tiver relação com o objeto da mediação.

1.3.3. Eticidade

Por fim, o princípio da eticidade.

O procedimento de mediação exige deliberação e predisposição das partes e do mediador para que a comunicação ocorra de maneira fluente e transparente.

Assim sendo, natural que se espere de todos os envolvidos boa-fé subjetiva, sinceridade e honestidade em suas intenções, e boa-fé objetiva, clareza e certeza em seus comportamentos.

O procedimento da mediação só pode desenvolver-se adequadamente em ambiente ético, em que todos sejam honestos sobre suas pretensões e ajam conforme seus dizeres.

2. Autonomia relativa da vontade

A autonomia da vontade das partes, fundamento e princípio da mediação, não é absoluta, sofrendo restrições por imposição legal ou por sua própria manifestação anterior.

Evidentemente, tendo as partes convencionado expressamente em contrato ou em estatuto que seus conflitos deverão ser previamente submetidos à mediação, como estipulação de dever há de gerar consequências.

Exige-se, nessa linha, que as partes, em tal hipótese, compareçam à primeira reunião de mediação, sob pena de suspensão do processo judicial ou arbitral eventual instaurado.

Mas nada obriga que permaneçam no procedimento; imposição que, aliás, em nada contribuiria para a busca de uma solução consensual verdadeira.

Art. 3º – Pode ser **objeto de mediação** o conflito que verse sobre direitos **disponíveis** ou sobre direitos **indisponíveis que admitam transação.**

§ 1º A mediação pode versar sobre **todo o conflito ou parte dele.**

§ 2º O consenso das partes envolvendo **direitos indisponíveis**, mas transigíveis, deve ser **homologado em juízo**, exigida a **oitiva do Ministério Público.**

1. Objeto da mediação

Enquanto o objeto do processo arbitral tem de ser direitos patrimoniais disponíveis ou, ao menos, que possuam efeitos patrimoniais disponíveis, o objeto do procedimento de mediação é bem mais amplo e alcança direitos patrimoniais e extrapatrimoniais, disponíveis ou indisponíveis, mas sempre direitos que admitam a transação.

Excluem-se, portanto, direitos que não admitam a transação como, por exemplo, os expressivos da dignidade da pessoa humana, por definição núcleo valorativo intangível.

1.1. Cabimento da mediação

Incabível a mediação envolvendo direito insuscetível de transação (STJ. REsp. 1.379.954).

2. Análise da admissibilidade de transação

A questão está, todavia, precisamente, em dizer se, naquele particular e específico caso, há uma demanda em torno de direito que admita ou não a transação, decorrendo de sua indisponibilidade a presunção de ser não ser transacionável.

A preocupação com a possibilidade de transação, portanto, justifica a medida de controle judicial com oitiva ministerial do consenso obtido quando o litígio envolver direitos indisponíveis.

O consenso, evidentemente, não pode atingir o núcleo essencial do direito indisponível, mas aspectos que o orbitem, quando muito no plano da eficácia, do exercício, mas nunca da existência.

2.1. Controle judicial da mediação

Deve ser recusada a homologação de acordo cuja licitude seja duvidosa (STJ. REsp. 1.090.695; STJ. REsp. 1.711.526).

Disponíveis os direitos e capazes as partes, não deve ser negada a homologação de acordo (STF. RE 631.363).

2.2. Competência para a homologação

O juízo da causa não é prevento para homologar acordo feito nos centros judiciais de solução de conflitos (STJ. REsp. 1.531.131).

Cabe ao relator do recurso especial decidir sobre pedido de homologação de acordo (STJ. AREsp. 1.303.049).

2.3. Impugnação do acordo homologado

Não cabe rescisória contra homologação judicial de acordo (STF. ACO 1.140).

Contra homologação judicial de acordo cabível anulatória (STF. ACO 1.140).

3. Alcance da mediação

Fixados estes parâmetros, o procedimento de mediação pode envolver a totalidade do conflito ou, sendo possível o parcelamento, uma parte dele.

Seção II
Dos Mediadores
Subseção I
Disposições Comuns

Art. 4º – O mediador será **designado** pelo tribunal ou **escolhido** pelas partes.

§ 1º O mediador conduzirá o procedimento de comunicação entre as partes, buscando o **entendimento e o consenso** e **facilitando a resolução** do conflito.

§ 2º Aos **necessitados** será assegurada a **gratuidade** da mediação.

1. Função do mediador

Como vimos, enquanto o árbitro tem função decisória, o mediador tem função persuasória, sendo um profissional que, operando técnicas próprias, facilita a aproximação das partes, restabelecendo ou melhorando a comunicação, buscando o entendimento para que as partes por si mesmas alcancem a resolução consensual do conflito.

2. Nomeação do mediador

A regra para a nomeação do mediador é que decorra de escolha consensual das partes, inclusive no âmbito judicial e podendo recair mesmo sobre pessoa ou entidade não inscrita.

Não havendo consenso, estando em curso demanda judicial ou existindo cláusula contratual que imponha a mediação prévia, forçoso que haja decisão designando o profissional.

O dispositivo, então, diz mais e diz menos do que deveria.

A designação ocorrerá apenas no caso de mediação judicial determinada pelo juiz da causa, caso em que haverá distribuição dentre os inscritos, ou mediação extrajudicial contratualmente prevista, caso em que o árbitro pode designar o mediador.

A designação de mediador judicial obedece a certos preceitos que serão vistos mais à frente.

3. Remuneração do mediador

Por fim, a regra é que o trabalho do mediador seja exercido mediante remuneração, nada impedindo, claro, que atue de modo voluntário e gracioso. Todavia, não se lhe pode impor o trabalho não remunerado, com algumas exceções, ainda que prevista a gratuidade legalmente.

A norma sobre a gratuidade aos necessitados tem por destinatário o poder público que deve formular e implementar políticas e programas que permitam a prestação do serviço aos que por ele não possam pagar sem que o ônus recaia inteiramente sobre os ombros do mediador.

A lei processual civil prevê, por exemplo, o trabalho gracioso, lá chamado de voluntário.

Ressalvada a hipótese de servidor público incumbindo desta função, sempre será voluntária a atuação do mediador, sendo equivocada a palavra usada na lei.

Também prevê a norma processual civil que as câmaras privadas credenciadas para prestação do serviço no âmbito judicial reservem percentual para atividade graciosa como contrapartida ao credenciamento.

Art. 5º – Aplicam-se ao mediador as mesmas hipóteses legais de **impedimento e suspeição do juiz.**

Parágrafo único. A pessoa designada para atuar como mediador tem o **dever de revelar** às partes, antes da aceitação da função, qualquer **fato ou circunstância** que possa suscitar **dúvida justificada** em relação à sua **imparcialidade** para mediar o conflito, oportunidade em que poderá ser **recusado** por qualquer delas.

1. Impedimento, suspeição e dever de revelação do mediador

Remeto o leitor aos comentários feitos sobre o tema quando da análise do artigo 14 da lei de arbitragem já que nada muda a ausência, no dispositivo da lei de mediação, da cláusula de compatibilidade para a aplicação das normas referentes aos juízes, lá expressa.

Ressalto, porém, que há entendimento nos sentido de estar impedido de atuar em procedimento ou processo o membro do Ministério Público que antes atuou como mediador.

1.1. Mediador que atuou como juiz

O mediador não é impedido ou suspeito por proferir despacho de mero expediente quando era juiz (STJ. REsp. 1.150.027).

Art. 6º – O mediador fica **impedido, pelo prazo de um ano, contado do término** da última audiência em que atuou, de assessorar, representar ou patrocinar qualquer das partes.

Proibição temporal de atuar

O dispositivo, embora mencione impedimento, a rigor trata de proibição para desempenho de assessoria, representação ou patrocínio pelo mediador. A proibição é temporária para o desempenho de atividades em favor de uma ou de ambas as partes que não tenham relação com o objeto da mediação, mas é definitiva para aquelas que tenham.

Art. 7º – O mediador **não poderá** atuar como **árbitro** nem funcionar como **testemunha** em processos judiciais ou arbitrais pertinentes a conflito em que tenha atuado como mediador.

Proibição circunstancial de atuar

A proibição aqui é circunstancial e definitiva.

Havendo relação do testemunho, mesmo que indireta, com o objeto da mediação, proibido está o mediador de prestar seu testemunho, porque tem dever de sigilo sobre o que chegou ao seu conhecimento durante as sessões.

Quanto à arbitragem, proíbe-se sua atuação porque haveria predisposição em um ou noutro sentido por conta das informações obtidas ou das relações travadas durante o procedimento da mediação.

Art. 8º – O mediador e todos aqueles que o assessoram no procedimento de mediação, quando **no exercício de suas funções ou em razão delas**, são **equiparados a servidor público**, para os efeitos da legislação penal.

Natureza da função de mediador

Remeto o leitor aos comentários feitos sobre o tema quando da análise do artigo 17 da lei de arbitragem.

O dispositivo parte do pressuposto de que o mediador, judicial ou extrajudicial, é sempre agente público em sentido amplo e, por tal razão, fica sujeito à legislação penal, seja como sujeito passivo, seja como sujeito ativo.

A justificativa aqui não é sua similitude com o juiz, como no caso do árbitro, mas em razão da importância da missão que se lhe entrega, de pacificação social.

Importante notar, porém, que há necessidade de que a infração penal tem de ter relação com o desempenho da função, praticada durante seu exercício ou decorrente dela.

Subseção II
Dos Mediadores Extrajudiciais

Art. 9º – Poderá funcionar como mediador extrajudicial qualquer **pessoa capaz** que tenha a **confiança das partes** e seja **capacitada para fazer mediação**, independentemente de integrar qualquer tipo de conselho, entidade de classe ou associação, ou nele inscrever-se.

1. Requisitos do mediador extrajudicial

A lei de mediação diz que para ser mediador extrajudicial uma pessoa deve ser capaz, ter a confiança das partes e ser capacitada para o desempenho da função, dispensando qualquer espécie de inscrição, filiação ou associação a qualquer tipo de órgão ou ente, público ou privado, bem como formação em Direito.

Remeto o leitor aos comentários feitos quando da análise do artigo da lei 13 de arbitragem.

1.1. Irrelevância do registro do mediador

Inexistência de registro do terceiro em entidade de classe não ostenta interesse público federal (STJ. CC. 146.726).

1.2. Confusão com órgãos públicos

O uso de símbolos e denominações privativos de órgãos públicos, especialmente os judiciários, pode gerar condenação por dano moral coletivo (STJ. REsp 1.337.588).

2. Mediador como pessoa natural

Acentuando o que lá escrevi, esclareço que o mediador é sempre pessoa física com capacidade civil plena, que não apenas seja da confiança das partes, mas que demonstre ser digno dela por seu comportamento constantemente independente e imparcial e, especialmente, pela sua aptidão para o desempenho da tarefa.

Quem faz a mediação não é o ente ou órgão que congregue mediadores, mas eles próprios, limitando-se, assim, o ente ou órgão ao desempenho de tarefas de administração de aspectos auxiliares do procedimento, à semelhança do que ocorre com a arbitragem.

3. Aptidão do mediador

A aptidão, não mencionada pelo dispositivo legal, está pressuposta e perpassa a exigência de capacitação, embora seja importante deixar claro que, como profissional técnico e não operador do direito, o mediador considera-se apto não só pela preparação formal mediante a frequência em cursos, isto é, por sua capacitação, mas especial e principalmente por demonstrar qualidades de bom negociador.

A aptidão exige mais do que conhecimentos sobre o mérito do litígio, sendo exigível de todos, até mesmo do membro do Ministério Público.

Art. 10 – As partes **poderão ser assistidas** por advogados ou defensores públicos.

Parágrafo único. **Comparecendo uma** das partes acompanhada de advogado ou defensor público, o **mediador suspenderá o procedimento**, até que todas estejam devidamente assistidas.

1. Assessoramento jurídico

A atuação de profissional público ou privado legalmente habilitado para a prestação de auxílio ou assessoramento jurídico é faculdade das partes prevista pelo dispositivo ora sob comento.

O acompanhamento das partes por advogado ou por defensor público, portanto, nas mediações extrajudiciais não é obrigatório e não pode, por conseguinte, gerar qualquer espécie de invalidade do procedimento, já que, a bem da verdade, a ideia é que o procedimento de mediação seja conduzido sem caráter adversarial, sob a supervisão do mediador, sem conteúdo decisório externo à relação das partes.

Inobstante isso, comparecendo uma das partes acompanhada do profissional referido, manda a lei que seja suspenso o procedimento até que a outra também esteja acompanhada daquele que tenha escolhido ou que lhe tenha sido designado.

1.1. Presença de advogado ou defensor

Inexiste obrigatoriedade da presença de advogado ou defensor na mediação (CNJ 4.837-35/17).

Subseção III
Dos Mediadores Judiciais

Art. 11 – Poderá atuar como mediador judicial a **pessoa capaz, graduada há pelo menos dois anos em curso de ensino superior de instituição reconhecida** pelo Ministério da Educação e que tenha obtido **capacitação em escola ou instituição de formação de mediadores, reconhecida** pela Escola Nacional de Formação e Aperfeiçoamento de Magistrados – ENFAM ou pelos tribunais, observados os **requisitos mínimos estabelecidos** pelo Conselho Nacional de Justiça em conjunto com o Ministério da Justiça.

1. Requisitos do mediador judicial

Os comentários anteriores servem aqui com algumas adaptações.

1.1. Confiabilidade

Em primeiro lugar, é curioso observar que o dispositivo legal, referindo-se aos mediadores judiciais, não menciona a confiabilidade como característica.

De nenhum modo significa que as partes são obrigadas a aceitar quem não lhes inspire confiança, mas apenas que, havendo a possibilidade de designação, evidentemente as partes não serão consultadas sobre o designado pelo juízo.

O juízo, não obstante isso, deve considerar a designação de pessoa que inspire confiança das partes sob pena de ineficiente procedimento, que servirá, quando muito, para atender à letra da lei, jamais ao seu espírito.

Em todo caso, as partes podem, motivadamente, apresentar ao juízo as razões pelas quais não aceitam o designado.

1.2. Capacitação especial

Em segundo lugar, é importante frisar que a preparação do mediador judicial é mais rigorosa, passando pela exigência de graduação em curso superior e formação específica em curso de mediação.

1.2.1. Curso de graduação reconhecido

A graduação pode ser em qualquer área e não necessariamente tem de conferir bacharelado ou licenciatura, admitindo-se que seja sequencial ou tecnológico, já que, nos termos da legislação educacional, todos são de graduação.

Importante apenas que seja reconhecido pelas autoridades educacionais.

1.2.2. Curso de mediação reconhecido

O curso de mediação deve ser reconhecido pelo órgão educacional da magistratura nacional ou pelos órgãos próprios dos tribunais perante os quais pretenda atuar o mediador e sempre há de observar os requisitos mínimos fixados em ato normativo do Conselho Nacional de Justiça e do Ministério da Justiça.

Art. 12 – Os tribunais criarão e manterão **cadastros atualizados dos mediadores** habilitados e autorizados a atuar em mediação judicial.

§ 1º A **inscrição no cadastro** de mediadores judiciais será **requerida pelo interessado** ao tribunal com jurisdição na área em que pretenda exercer a mediação.

§ 2º Os tribunais **regulamentarão o processo** de inscrição e desligamento de seus mediadores.

1. Cadastro de mediadores judiciais

A lei processual civil e a lei nacional de mediação preveem a criação e manutenção de cadastros nacional e locais que conterão registro de habilitados e inscritos para a conciliação e a mediação no âmbito judicial.

Cabem aos tribunais a criação e a manutenção sempre atualizada de cadastros locais que conterão elementos de identificação e área de atuação dos profissionais habilitados com inscrição deferida.

2. Quadro próprio de mediadores

Os tribunais podem optar pela criação de quadro próprio de mediadores e conciliadores escolhidos mediante concurso público de provas e títulos ou pela admissão de mediadores e conciliadores pelo referido registro que também pode ser precedido de concurso público.

3. Distinções

Há clara distinção entre habilitação, autorização, inscrição, credenciamento e registro.

3.1. Habilitação

A habilitação decorre de conclusão exitosa de curso de formação reconhecido pelas autoridades próprias porque atendem os requisitos normativos previstos. É pressuposto para os demais atos.

3.2. Inscrição

A inscrição é expressão com significados não precisos, podendo ser usada tanto no sentido de registro quanto no sentido de credenciamento.

Entendo que a inscrição é, na lei de mediação, sinônimo de registro do profissional nos cadastros e, na lei processual civil, é gênero a envolver a inscrição do profissional de mediação e o credenciamento da instituição de mediação.

De todo modo, inscrição, registro e credenciamento são momentos posteriores à habilitação.

A inscrição deve ser requerida pelo interessado mediante comprovação de sua habilitação e na conformidade com a regulamentação expedida pelo órgão encarregado da manutenção do cadastro respectivo.

3.3. Registro

O registro no cadastro é condição para participar da distribuição aleatória ou designação direta pelo juízo nos casos previstos. Obriga, portanto, o juízo; não as partes, que têm direito de escolher profissionais que, comprovadamente habilitados para atuação em juízo, não estejam inscritos nos seus cadastros.

O profissional, se advogado, fica impedido de exercer a advocacia perante o juízo em que desempenhe as funções de mediador ou conciliador.

3.4. Exclusão

A exclusão (ou desligamento) do profissional deve observar processo administrativo, regulamentado pelo respectivo órgão encarregado da manutenção daquele cadastro, em que sejam respeitados os princípios constitucionais e legais próprios de processos sancionatórios disciplinares, especialmente contraditório e ampla defesa.

A regulamentação pode prever outras medidas punitivas menos drásticas que a exclusão e conforme graus de culpabilidade e gravidade da conduta.

Art. 13 – A **remuneração devida aos mediadores judiciais** será fixada pelos tribunais e custeada pelas partes, observado o disposto no § 2º do art. 4º desta Lei.

Remuneração dos mediadores judiciais

A remuneração dos mediadores judiciais será fixada pelos órgãos responsáveis pela manutenção dos cadastros nacional e local e não apenas pelos tribunais, como diz a lei de mediação.

De qualquer modo, ressalvadas hipóteses de gratuidade legalmente determinada ou de gratuidade voluntariamente assumida, cabe às partes o custeio do trabalho.

Remeto o leitor aos comentários que lancei quando da análise do artigo 4º desta lei.

Destaco, em lembrança, especialmente a obrigação das instituições privadas de mediação e conciliação oferecerem certo percentual graciosamente.

A exigência é proporcional e razoável e opera como contrapartida para o seu credenciamento, benefício de que outras instituições atuantes no mercado não gozam.

De todo modo, a obrigação inexiste para os profissionais individualmente considerados e não os vincula diretamente ainda que pertencentes à instituição credenciada.

Seção III
Do Procedimento de Mediação
Subseção I
Disposições Comuns

Art. 14 – No início da primeira reunião de mediação, e sempre que julgar necessário, o mediador deverá **alertar as partes acerca das regras de confidencialidade** aplicáveis ao procedimento.

1. Providência inicial

A confidencialidade é de extrema importância para que as partes sejam transparentes em suas intenções e posições no curso do procedimento de mediação, chegando mesmo ao ponto de figurar como um de seus princípios previstos no artigo 2º e a cujos comentários remeto o leitor.

O desenvolvimento do princípio da confidencialidade, com sua conformação e com suas exceções, poderá ser visto com maior detalhamento no artigo 30 e seguintes.

Lembro, porém, que confidencialidade impõe dever de sigilo a todos aqueles que de algum modo tenham participado do procedimento de mediação quanto ao conteúdo das reuniões realizadas, que sequer ao juiz da causa podem chegar.

O tratamento das exceções ao princípio será feito no momento próprio.

A lei de mediação proíbe que o mediador seja testemunha ou atue como árbitro e, ainda, proíbe que atue de qualquer forma, por um ano, para quaisquer das partes e, em definitivo, se a questão tiver relação com o objeto da mediação.

1.1. Confidencialidade das tratativas

A confidencialidade torna inadmissível o controle de tratativas feitas em mediação ainda em curso (STJ. TP 1.049).

Art. 15 – A requerimento das partes ou do mediador, e com anuência daquelas, poderão ser **admitidos outros mediadores** para funcionarem no mesmo procedimento, quando isso for **recomendável em razão da natureza e da complexidade** do conflito.

Natureza e complexidade do conflito

A lei de mediação admite que outros mediadores atuem concomitantemente, em razão da natureza e da complexidade do conflito, desde que as partes requeiram ou, com a concordância delas, seja requerido pelo mediador original.

A lei processual civil chega a erigir a possibilidade da denominada comediação como preferencial, observados os regulamentos nacional e local.

Art. 16 – Ainda que haja processo arbitral ou judicial em curso, as partes poderão submeter-se à mediação, hipótese em que requererão ao juiz ou árbitro a **suspensão do processo por prazo suficiente** para a solução consensual do litígio.

§ 1º É **irrecorrível a decisão** que suspende o processo nos termos requeridos de **comum acordo** pelas partes.

§ 2º A suspensão do processo **não obsta a concessão de medidas de urgência** pelo juiz ou pelo árbitro.

1. Suspensão do processo pela mediação

Manifestação do princípio da autonomia relativa da vontade, a lei de mediação admite que, a requerimento das partes, os juízos estatal ou arbitral poderão suspender o processo por prazo suficiente para que se promova a tentativa de resolução consensual do litígio.

O requerimento deve ser feito por ambas as partes ou por uma delas com a contemporânea ou sucessiva concordância da outra.

O prazo de suspensão é prorrogável por idêntica manifestação concordante de ambas as partes.

De todo modo, a decisão é ato discricionário do juiz ou árbitro, ressalvada a hipótese de previsão contratual, caso em que se torna vinculada.

A decisão judicial ou arbitral que acate o pedido de suspensão formulado ou com a concordância de ambas as partes é irrecorrível; admitindo-se, portanto, sua impugnação, se denegatória.

A concessão de medidas de urgência pelo juiz ou pelo árbitro é possível mesmo durante o período de suspensão do processo.

1.1. Questão de concurso

- *FMP Concursos. PGE-AC. 2017. Procurador do Estado.*

  Considere as seguintes afirmativas sobre o tema da audiência de instrução e julgamento no âmbito do Código de Processo Civil. Assinale a alternativa correta.

  A) Instalada a audiência, o juiz tentará conciliar as partes, desde que não tenham sido antes empregados outros métodos de solução consensual de conflitos, como a mediação e a arbitragem.

  B) (...)

  C) (...)

  D) (...)

  E) (...)

  Resposta: letra A.

Art. 17 – Considera-se **instituída a mediação** na data para a qual for marcada a **primeira reunião** de mediação.

Parágrafo único. Enquanto transcorrer o procedimento de mediação, ficará **suspenso o prazo prescricional.**

Instituição da mediação

A instauração do procedimento de mediação é denominada pela lei de regência com o nome de instituição, à semelhança do que o faz a lei de arbitragem.

O termo inicial do procedimento, em que se considera instituída a mediação, é a data marcada para a primeira reunião do mediador com as partes.

Instaurado e enquanto estiver em curso o procedimento de mediação, suspende-se a contagem do prazo prescricional.

Note o leitor que, enquanto a instauração da arbitragem importa em interrupção da prescrição, a instauração da mediação importa em suspensão de sua contagem, voltando a correr o prazo pelo restante, não por inteiro, quando findo o procedimento.

Art. 18 – Iniciada a mediação, as **reuniões posteriores** com a presença das partes **somente** poderão ser marcadas **com a sua anuência**.

Autonomia da vontade e busca do consenso

A lei determina o respeito à autonomia da vontade das partes e à busca do consenso.

Nessa linha, só se admite que, com exceção da primeira reunião, as reuniões posteriores que prevejam a presença das partes dependem de sua concordância.

Evidentemente, permitida a reunião com apenas uma das partes, só da concordância desta dependerá sua realização, assim como independe da concordância das partes a reunião com outros atores que, de qualquer modo, possam contribuir para a resolução do litígio, a juízo do mediador.

Art. 19 – No desempenho de sua função, o **mediador poderá reunir-se com as partes, em conjunto ou separadamente**, bem como **solicitar das partes**

as informações que entender necessárias para facilitar o entendimento entre aquelas.

1. Reuniões com as partes

Como adiantado, o mediador pode-se reunir com ambas as partes ou com apenas uma delas, com a anuência de ambas, no primeiro caso, e da envolvida, no segundo.

As partes são obrigadas a comparecer à primeira reunião, apenas se prevista contratualmente a mediação. Às demais, estando ou não previstas, não estão obrigadas.

2. Prestação de informações

Preservado o dever de confidencialidade, o mediador pode solicitar das partes as informações que entender necessárias para facilitar o entendimento do litígio e para propiciar a aproximação dos litigantes.

As informações prestadas não servirão para fins de produção de provas.

O juízo do mediador acerca da necessidade da informação é discricionário.

A negativa da parte pode caracterizar infração ao dever de cooperação embutido nos princípios da consensualidade e da eticidade e, de qualquer maneira, impede a continuidade do procedimento.

Art. 20 – O procedimento de mediação será encerrado com a **lavratura do seu termo final**, quando for **celebrado acordo ou** quando **não se justificarem** novos **esforços para a obtenção de consenso**, seja por declaração do mediador nesse sentido ou por manifestação de qualquer das partes.

Parágrafo único. O **termo final** de mediação, na hipótese de celebração de **acordo**, constitui **título executivo extrajudicial e, quando homologado judicialmente, título executivo judicial.**

1. Encerramento da mediação

O encerramento do procedimento de mediação dá-se com a lavratura de termo final que poderá conter acordo entre as partes, declaração do mediador ou manifestação de qualquer das partes de que são inúteis novos esforços para a obtenção do consenso.

2. Termo de mediação

O termo final da mediação tem efeito liberatório do mediador e não impede que as partes cheguem a acordo posteriormente.

O termo final que contenha acordo entre as partes tem a natureza jurídica de título executivo extrajudicial e, caso homologado pelo juiz ou pelo árbitro, título executivo judicial.

A homologação do acordo pode ser recusada se houver dúvida sobre sua licitude e pode ocorrer a qualquer tempo e em qualquer grau de jurisdição, cabendo ao relator em grau de recurso, ainda que especial.

A impugnação por via autônoma do acordo deve ser feita através de **ação anulatória e não por ação** rescisória.

2.1. Natureza do termo de reunião

Simples termo de reunião não é título executivo porque retrata apenas negociações preliminares (STJ. REsp. 1.346.265).

2.2. Momento da homologação

A homologação judicial de autocomposição pode ocorrer após o trânsito em julgado de sentença (STJ. EDivREsp. 978.154).

2.3. Dispensa de homologação judicial

A homologação arbitral dispensa a judicial (STJ. EDcl. DESIS. AREsp. 1.094.553).

2.4. Recusa de homologação judicial

Deve ser recusada a homologação de acordo cuja licitude seja duvidosa (STJ. REsp. 1.090.695; STJ. REsp. 1.711.526).

2.5. Impugnação da homologação judicial

Não cabe rescisória contra homologação judicial de acordo (STF. ACO 1.140).

Contra homologação judicial de acordo cabível anulatória (STF. ACO 1.140).

2.6. Competência homologatória em grau de recurso

Cabe ao relator do recurso especial decidir sobre pedido de homologação de acordo (STJ. AREsp. 1.303.049).

Subseção II
Da Mediação Extrajudicial

Art. 21 – O **convite** para iniciar o procedimento de mediação extrajudicial poderá ser feito por **qualquer meio** de comunicação e deverá **estipular o escopo** proposto para a negociação, a **data e o local** da primeira reunião.

Parágrafo único. O convite formulado por **uma parte à outra** considerar-se-á **rejeitado se não for respondido** em até trinta dias da data de seu recebimento.

Convite para mediação extrajudicial

O convite para a primeira reunião do procedimento de mediação pode ser feito por qualquer meio de comunicação e deverá conter o escopo proposto para a negociação e a data e o local em que ocorrerá o encontro.

A resposta deve ocorrer no prazo contratual ou, inexistindo, no prazo legal previsto no dispositivo sob comento.

O prazo é supletivo, podendo constar prazo diverso, menor ou maior, também de regras institucionais ou no corpo do próprio convite.

O prazo legal é decadencial e é contado em dias corridos.

A recusa pode ser expressa ou tácita. Expressa quando houver resposta contrária à solicitação e tácita quando nada for respondido no prazo fixado ou, ausente, no prazo legal.

Art. 22 – A **previsão contratual de mediação** deverá conter, no mínimo:

I – **prazo mínimo e máximo** para a realização da primeira reunião de mediação, contado a partir da data de recebimento do convite;

II – **local da primeira** reunião de mediação;

III – critérios de **escolha do mediador** ou equipe de mediação;

IV – **penalidade** em caso de **não comparecimento** da parte convidada à primeira reunião de mediação.

§ 1º A previsão contratual pode **substituir a especificação** dos itens acima enumerados pela **indicação de regulamento**, publicado por **instituição idônea** prestadora de serviços de mediação, no qual constem **critérios claros** para a escolha do mediador e realização da primeira reunião de mediação.

§ 2º **Não havendo** previsão contratual completa, deverão ser **observados os seguintes** critérios para a realização da primeira reunião de mediação:

I – **prazo mínimo** de dez dias úteis e **prazo máximo** de três meses, contados a partir do recebimento do convite;

II – **local adequado** a uma reunião que possa envolver informações confidenciais;

III – **lista de cinco nomes**, informações de contato e referências profissionais de mediadores capacitados; a parte convidada poderá escolher, expressamente, qualquer um dos cinco mediadores e, caso a parte convidada não se manifeste, considerar-se-á **aceito o primeiro** nome da lista;

IV – o **não comparecimento** da parte convidada à primeira reunião de mediação acarretará a assunção por parte desta de **cinquenta por cento das custas e honorários sucumbenciais** caso venha a ser vencedora em procedimento arbitral ou judicial posterior, que envolva o escopo da mediação para a qual foi convidada.

§ 3º Nos litígios decorrentes de contratos **comerciais ou societários** que não contenham cláusula de mediação, o **mediador extrajudicial somente cobrará por seus serviços caso as partes decidam assinar** o termo inicial de mediação e **permanecer**, voluntariamente, no procedimento de mediação.

1. Cláusulas de mediação

As cláusulas contratuais prevendo a utilização da mediação como meio de resolução de litígios podem ser completas, em preto, ou incompletas, em branco.

1.1. Cláusulas completas

As cláusulas completas, em preto, podem ser puras ou escalonadas, quando previrem apenas a mediação ou se previrem a mediação em conjunto com a arbitragem.

1.1.1. Cláusulas declaratórias

As cláusulas contratuais completas podem conter declaração com todos os elementos legalmente obrigatórios que são prazos mínimo e máximo e local para a realização da primeira reunião, critérios para a escolha dos mediadores e penalidade em caso de não comparecimento do convidado à primeira reunião.

1.1.2. Cláusulas remissivas

As cláusulas contratuais completas podem também fazer remissão a regulamentos institucionais, sendo exigíveis, neste caso, a publicidade do regulamento, a idoneidade da instituição e a clareza das regras de escolha do mediador e da realização da primeira reunião.

1.2. Cláusulas incompletas

As cláusulas contratuais incompletas são aquelas nas quais seja prevista a mediação como meio de resolução de litígios, mas que não declaram os elementos legalmente obrigatórios nem remetem às regras públicas e claras de instituição idônea acerca deles.

A lei, então, incide para integrar o conteúdo da cláusula.

2. Prazo e local das reuniões

O prazo de realização da primeira reunião é de dez dias úteis, no mínimo, e de três meses, no máximo, contando-se a partir da data de recebimento do convite.

O local para a reunião deve ser adequado para receber encontros em que informações confidenciais sejam tratadas.

3. Escolha do mediador

Uma lista com cinco nomes, informações de contato e referências profissionais de mediadores aptos deve ser apresentada ao convidado, que livremente escolher qualquer deles; caso nada diga no prazo, o primeiro da lista será considerado aceito.

4. Ausência na primeira reunião

Se o convidado não comparecer à primeira reunião de mediação e vier a vencer processo judicial ou arbitral que tenha o mesmo objeto, deverá pagar cinquenta por cento das custas e honorários sucumbenciais.

5. Autonomia da cláusula de mediação

Enquanto a autonomia da cláusula de arbitragem tem expressa previsão legal e respaldo doutrinário e jurisprudencial, a defesa da autonomia da cláusula de mediação não conta com esses respaldos.

Indiscutivelmente, a cláusula escalonada possui autonomia, já que nela está prevista de modo incindível a utilização da arbitragem.

Porém, sendo a cláusula puramente de mediação, a questão não é tão simples, mas a conclusão a favor da autonomia deve ser idêntica, embora por razões diversas, visto que o sistema normativo tem em suas bases axiológicas e teleológicas a opção preferencial em favor dos meios consensuais de resolução de litígios.

6. Remuneração do mediador em litígios comerciais e societários

Para finalizar, importante dizer que, nos litígios decorrentes de ajustes comerciais e societários sem expressa previsão da mediação como meio de resolução de litígios, os honorários do mediador só poderão ser cobrados se as partes assinarem o termo inicial e permanecerem voluntariamente até o seu final.

Art. 23 – Se, em previsão contratual de cláusula de mediação, as partes se **comprometerem a não iniciar** procedimento arbitral ou processo judicial durante **certo prazo** ou até o **implemento** de determinada **condição**, o árbitro ou o juiz **suspenderá o curso** da arbitragem ou da ação pelo prazo previamente acordado ou até o implemento dessa condição.

Parágrafo único. O disposto no caput **não se aplica às medidas de urgência** em que o acesso ao Poder Judiciário seja necessário para evitar o perecimento de direito.

Suspensão do processo

Havendo cláusula contratual prevendo a mediação como meio prévio de resolução de litígios e impondo a observância do transcurso de certo prazo ou o implemento de determinada condição antes de demandar, o juiz ou árbitro deverão suspender os processos respectivos pelo prazo fixado ou até o advento do evento condicionante.

A suspensão do processo, caso determinada, não obsta a expedição de medidas de urgência pelo juiz ou pelo árbitro.

Contratualmente prevista, a suspensão do processo **é** dever do juiz e do árbitro.

Inexistindo a previsão, é faculdade do juiz e do árbitro, sempre a depender de requerimento das partes.

A prorrogação da suspensão depende, igualmente, da concordância expressa de ambas as partes.

Subseção III
Da Mediação Judicial

Art. 24 – Os tribunais criarão **centros judiciários de solução consensual de conflitos**, responsáveis pela realização de sessões e audiências de conciliação e mediação, pré-processuais e processuais, e pelo desenvolvimento de programas destinados a auxiliar, orientar e estimular a autocomposição.

Parágrafo único. A composição e a organização do centro serão **definidas pelo respectivo tribunal**, observadas as normas do Conselho Nacional de Justiça.

1. Centros judiciários de solução consensual de conflitos

É dever dos tribunais a criação de centros judiciários de solução consensual de conflitos, órgãos incumbidos da realização de reuniões, sessões ou audiências de mediação e conciliação, anteriores ou concomitantes ao processo judicial.

Aos centros também cabe o desenvolvimento de programas que se prestem a auxiliar, orientar e estimular a autocomposição de conflitos.

A composição e a organização dos centros devem observar o regramento do respectivo tribunal, expedido conforme os parâmetros gerais nacionalmente estabelecidos pelo Conselho Nacional de Justiça.

2. Dever de cooperação e busca do consenso

Deve o juiz estimular e promover a autocomposição a qualquer tempo e grau (STJ. REsp. 1.527.537; STJ. REsp. 1.639.721).

O princípio da cooperação exige que todos os sujeitos do processo estimulem a autocomposição (STJ. REsp. 1.126.575).

Art. 25 – Na mediação judicial, os mediadores **não estarão sujeitos à prévia aceitação das partes**, observado o disposto no art. 5º desta Lei.

Autonomia relativa da vontade

A autonomia da vontade das partes é princípio da mediação, tanto judicial quanto extrajudicial, e, como todos os princípios, não é absoluto, admitindo temperamentos, que, no caso da mediação judicial, são mais incisivos e marcantes.

Na mediação judicial, assim, o mediador designado não se submete à prévia aceitação das partes; o que não significa, todavia, que as partes sejam proibidas de repelir o designado com fundamento na comprovada ausência de qualidades para o desempenho da tarefa, especialmente porque parcial, dependente ou não confiável.

O que o dispositivo legal obsta é a repulsa do designado sem qualquer justificativa plausível pela só rejeição arbitrária de uma ou de ambas as partes.

Art. 26 – As partes **deverão ser assistidas** por advogados ou defensores públicos, **ressalvadas as hipóteses** previstas nas Leis nºs 9.099, de 26 de setembro de 1995, e 10.259, de 12 de julho de 2001.

Parágrafo único. Aos que comprovarem **insuficiência de recursos** será assegurada assistência pela Defensoria Pública.

1. Assessoria jurídica

Como vimos, em procedimentos de mediação inexiste obrigatoriedade da atuação de profissionais legalmente habilitados para o assessoramento em questões que envolvam conhecimentos jurídicos.

2. Excepcionalidade da exigência

Nas mediações extrajudiciais, é obrigatória a presença de advogados contratados ou de defensores designados, quando uma das partes comparecer acompanhada por um deles.

A presença obrigatória dos mencionados profissionais é, portanto, uma situação excepcional.

3. Obrigatoriedade da presença

Nas mediações judiciais, porém, a excepcionalidade é da ausência de referidos profissionais.

Deste modo, desde que não se trate de hipóteses de dispensa legal expressa, como ocorre no regime dos juizados especiais, estaduais e federais, nas mediações judiciais é obrigatória a presença de advogados contratados ou de defensores designados.

Art. 27 – Se a petição inicial preencher os **requisitos essenciais** e não for o caso de **improcedência liminar** do pedido, o juiz designará **audiência de mediação**.

1. Audiência inicial de mediação

A designação de audiência prévia de mediação é dever do juiz, desde que não seja caso de indeferimento da petição inicial ou de improcedência liminar do pedido.

1.1. Competência nos colégios recursais

Cabe ao relator nos colégios recursais o encaminhamento dos litígios para órgãos judiciais de solução consensual (CEJ/CJF. Enunciado 67).

Art. 28 – O procedimento de mediação judicial deverá ser **concluído em até sessenta dias**, contados da primeira sessão, **salvo** quando as partes, de comum acordo, requererem sua **prorrogação**.

Parágrafo único. Se houver acordo, os autos serão encaminhados ao juiz, que determinará o **arquivamento do processo** e, desde que requerido pelas partes, **homologará o acordo**, por sentença, e o termo final da mediação e determinará o arquivamento do processo.

1. Prazo da mediação

O procedimento de mediação deve ser encerrado no prazo legal de sessenta dias corridos, se outro não tiver sido previsto no contrato ou no regulamento pertinente, admitindo-se a prorrogação por ajuste entre as partes e submetido à deliberação do juízo.

Findo o prazo sem prorrogação deferida e chegando as partes a um acordo, os autos serão encaminhados ao juiz que determinará seu arquivamento.

2. Homologação do acordo

Se expressamente requerido pelas partes, o juiz poderá homologar o acordo, se lícito.

A homologação é condição para a qualificação do título executivo como sendo judicial e pode ser facultativa, quando envolver direitos disponíveis, ou obrigatória, quando envolver direitos indisponíveis.

2.1. Competência para homologação

O juízo da causa não é prevento para homologar acordo feito nos centros judiciais de solução de conflitos (STJ. REsp. 1.531.131).

Cabe ao relator do recurso especial decidir sobre pedido de homologação de acordo (STJ. AREsp. 1.303.049).

2.2. Momento da homologação do acordo

A homologação judicial de autocomposição pode ocorrer após o trânsito em julgado de sentença (STJ. EDivREsp. 978.154).

2.3. Homologação em grau de recurso

A notícia de autocomposição importa na perda de objeto do recurso (STJ. AgIntAREsp. 1.330.712; ATJ. AREsp. 1.344.559).

2.4. Homologação arbitral

A homologação arbitral dispensa a judicial (STJ. EDcl. DESIS. AREsp. 1.094.553).

2.5. Pressuposto da homologação

Deve ser recusada a homologação de acordo cuja licitude seja duvidosa (STJ. REsp. 1.090.695; STJ. REsp. 1.711.526).

2.6. Desconstituição da homologação

Não cabe rescisória contra homologação judicial de acordo (STF. ACO 1.140).

Contra homologação judicial de acordo cabível anulatória (STF. ACO 1.140).

Art. 29 – Solucionado o conflito pela mediação antes da citação do réu, **não serão devidas custas judiciais** finais.

Custas em caso de solução consensual

Se o conflito for resolvido através da mediação antes da citação do réu, não serão devidas custas judiciais finais.

Citado o réu, as custas judiciais finais serão devidas ainda que a media**ção conduza a acordo entre as partes, visto que a máquina judiciária foi movimentada para o ato citatório**.

Em todo caso, a remuneração do mediador é devida, salvo hipótese de gratuidade legalmente imposta ou voluntariamente assumida.

Custas judiciais iniciais, aquelas que eventualmente tenham sido adiantadas, salvo melhor análise, são perdidas.

Seção IV
Da Confidencialidade e suas Exceções

Art. 30 – Toda e qualquer informação relativa ao procedimento de mediação será **confidencial em relação a terceiros**, não podendo ser revelada sequer em processo arbitral ou judicial **salvo se as partes expressamente decidirem** de forma diversa ou quando sua divulgação for **exigida por lei ou necessária para cumprimento** de acordo obtido pela mediação.

§ 1º O **dever de confidencialidade aplica-se** ao mediador, às partes, a seus prepostos, advogados, assessores técnicos e a outras pessoas de sua confiança que tenham, **direta ou indiretamente, participado do procedimento** de mediação, alcançando:

I – declaração, opinião, sugestão, promessa ou proposta formulada por uma parte à outra na busca de entendimento para o conflito;

II – reconhecimento de fato por qualquer das partes no curso do procedimento de mediação;

III – manifestação de aceitação de proposta de acordo apresentada pelo mediador;

IV – documento preparado unicamente para os fins do procedimento de mediação.

§ 2º A **prova** apresentada em desacordo com o disposto neste artigo **não será admitida** em processo arbitral ou judicial.

§ 3º **Não está abrigada** pela regra de confidencialidade a **informação** relativa à ocorrência de **crime de ação pública**.

§ 4º A regra da confidencialidade **não afasta o dever** de as pessoas discriminadas no caput prestarem **informações à administração tributária** após o termo final da mediação, aplicando-se aos seus servidores a obrigação de manterem **sigilo das informações compartilhadas** nos termos do art. 198 da Lei nº 5.172, de 25 de outubro de 1966 – Código Tributário Nacional.

1. Dever de confidencialidade

Remeto, inicialmente, o leitor aos comentários feitos quando da análise dos artigos 2º, 7º, 14 desta lei.

Decorrente de princípio homônimo, o dever de confidencialidade impõe aos participantes da mediação que se abstenham de divulgar informação a que tenham acesso no curso do procedimento, sendo oponível até mesmo ao juiz da causa.

2. Alcance subjetivo

O dever é exigível não apenas do mediador e das partes, mas também de seus auxiliares, assistentes, assessores, prepostos, advogados e demais pessoas de sua confiança que tenham participado direta ou indiretamente.

3. Alcance objetivo

O dever de confidencialidade alcança documento preparado unicamente para o procedimento de mediação, manifestação de uma parte à outra na busca de entendimento para o conflito, reconhecimento da ocorrência de um fato e aceitação de proposta de acordo feita pelo mediador.

4. Exclusão do dever

A vontade das partes, a força da lei, a natureza da decisão e a prática de infração penal excluem o dever de confidencialidade.

As hipóteses comportam interpretação restritiva.

4.1. Exclusão voluntária e legal

Assim, necessário que a vontade das partes ou a determinação legal sejam relacionadas direta e claramente com a informação cuja confidencialidade não será garantida.

4.2. Natureza da decisão

Além da vontade e da lei, a natureza da decisão pode fazer com que seu cumprimento seja incompatível com a manutenção da confidencialidade.

4.3. Infração penal

Por fim, a prática de certo tipo de infração penal torna inexigível o dever de confidencialidade porque em colisão com o dever de informar às autoridades.

No caso, todavia, o dever de confidencialidade cede espaço apenas em se tratando de crime de ação penal pública, condicionada ou incondicionada; restando protegida, portanto, a informação sobre eventual cometimento de contravenções e crimes de ação penal privada.

5. Inadmissibilidade da prova

Nos processos judiciais e arbitrais é inadmissível a utilização de prova formada a partir de informação protegida pela confidencialidade, sem prejuízo de consequências extraprocessuais para o infrator.

6. Informações tributárias

Por fim, o dever de confidencialidade não exclui o dever de prestar informações às autoridades da administração tributária, após o seu encerramento, acerca de ocorrências relevantes para a incidência das normas pertinentes.

A confidencialidade alcança, em tais casos, os agentes tributários e demais agentes públicos que com referidas informações tenham contato.

7. Natureza das exclusões

As hipóteses de afastamento do dever de confidencialidade têm natureza de excludentes de tipicidade ou de ilicitude, a depender do caso.

8. Testemunho do mediador

O testemunho do mediador é vedado, ressalvadas as situações de afastamento do dever de confidencialidade acima mencionadas.

Art. 31 – Será **confidencial** a informação **prestada por uma parte** em sessão privada, **não podendo o mediador revelá-la às demais**, exceto se expressamente autorizado.

Dever de confidencialidade por extensão

O dever de confidencialidade é exigível do mediador também na circunstância de ter recebido informação de uma parte em sessão reservada.

A exigência não impede a divulgação ao mediador de informação obtida por uma parte em comunicação com a outra, ressalvando-se situação em que contratualmente tenha assumido a obrigação de guardar sigilo ou não tenha qualquer pertinência com o objeto da mediação.

Remeto o leitor aos comentários feitos quando da análise dos artigos 2º, 14 e 30 desta lei.

Capítulo II
Da Autocomposição de Conflitos em que for parte Pessoa Jurídica de Direito Público
Seção I
Disposições Comuns

Art. 32 – A União, os Estados, o Distrito Federal e os Municípios **poderão criar câmaras de prevenção e resolução administrativa de conflitos**, no âmbito dos respectivos órgãos da Advocacia Pública, onde houver, com competência para:

I – **dirimir conflitos** entre órgãos e entidades da administração pública;

II – **avaliar a admissibilidade dos pedidos** de resolução de conflitos, por meio de composição, no caso de controvérsia entre particular e pessoa jurídica de direito público;

III – **promover, quando couber, a celebração** de termo de ajustamento de conduta.

§ 1º O modo de **composição e funcionamento** das câmaras de que trata o caput será estabelecido em **regulamento de cada ente** federado.

§ 2º A **submissão do conflito** às câmaras de que trata o caput é **facultativa** e será cabível **apenas nos casos previstos** no regulamento do respectivo ente federado.

§ 3º Se houver consenso entre as partes, o **acordo será reduzido a termo** e constituirá **título executivo extrajudicial**.

§ 4º **Não se incluem** na competência dos órgãos mencionados no caput deste artigo as controvérsias que **somente possam ser resolvidas** por atos ou concessão de direitos **sujeitos a autorização** do Poder Legislativo.

§ 5º **Compreendem-se** na competência das câmaras de que trata o caput a prevenção e a resolução de conflitos que envolvam **equilíbrio econômico-financeiro** de contratos celebrados pela administração com particulares.

1. Autocomposição administrativa

Como dito anteriormente, a lei adota a denominada autocomposição não como gênero a envolver a mediação, mas uma espécie aproximada dela.

A autocomposição é, assim, procedimento de resolução não-adversarial de conflitos em que haja a participação de ao menos um órgão ou ente integrante da administração pública.

2. Competências federativas

Cabe aos entes federativos a criação de órgãos situados na estrutura de suas advocacias públicas com a incumbência de prestar o serviço de autocomposição administrativa.

A dicção legal conduz à conclusão de que se trata de faculdade, quando, na verdade, o entendimento que prevalece é de que se trata de dever; dever que, no entanto, não tem qualquer consequência negativa para o seu descumprimento.

Admitindo-se a natureza de dever imposto aos entes federativos, a constitucionalidade do dispositivo é, evidentemente, discutível, porque, dentre outras razões, implica geração de despesa obrigatória de caráter continuado por ato de ente federativo diverso.

Deixando de lado essa discussão, releva dizer que a previsão é extremamente importante e interessante.

A criação de centros de solução consensual de litígios entre administração pública e cidadãos deve ser estimulada, especialmente no que se refere a temas complexos como ambientais e previdenciários.

2.1. Dever-poder de autocomposição

Incumbe ao poder público fomentar a solução consensual de litígios (STF. ACO 2.224).

O princípio da cooperação exige que todos os sujeitos do processo estimulem a autocomposição (STJ. REsp. 1.126.575).

3. Atribuições do órgão

As atribuições do órgão são, em síntese, as seguintes: dirimir conflitos entre órgãos e entes integrantes da administração pública; avaliar a admissibilidade de pedidos feitos por particulares para a resolução de conflitos seus com pessoas de direito público; promover a celebração de termo de ajustamento de conduta, quando cabível.

Provocado pelo interessado ou mediante comunicação judicial, o órgão federal de conciliação e arbitragem pode solucionar litígios entre seus órgãos e entes e destes com entes federativos.

4. Organização e funcionamento

Embora haja entendimento no sentido de que a autocomposição não dependa de regulamentação, fato que, na administração pública, órgãos a exigem ara organizarem-se e funcionarem.

Nesse sentifo, a organização e o funcionamento do órgão encarregado da autocomposição administrativa observarão regulamento do ente federativo competente, a princípio veiculado através de decreto da chefia do poder executivo e pormenorizado por ato da chefia do órgão da advocacia pública pertinente.

5. Natureza e limites do acordo

O acordo obtido tem natureza de título executivo extrajudicial ou judicial, caso homologado pelo juízo.

Excluem-se as composições que dependam de autorização legislativa.

A prevenção e resolução de litígios decorrentes da manutenção do equilíbrio econômico-financeiro de contratos administrativos com particulares estão contidas nas atribuições do órgão previsto no dispositivo sob comento.

A submissão dos litígios é facultativa e deve observar as regras contidas em regulamento específico do ente federativo competente.

Art. 33 – Enquanto não forem criadas as câmaras de mediação, os conflitos **poderão ser dirimidos nos termos do procedimento de mediação** previsto na Subseção I da Seção III do Capítulo I desta Lei.

Parágrafo único. A Advocacia Pública da União, dos Estados, do Distrito Federal e dos Municípios, onde houver, poderá **instaurar, de ofício ou mediante provocação, procedimento de mediação coletiva de conflitos** relacionados à prestação de serviços públicos.

1. Aplicação supletiva

As normas gerais aplicáveis ao procedimento de mediação são aplicáveis em caráter supletivo à administração pública e, assim, enquanto não criados órgãos de resolução administrativa de litígios, com a pertinente regulamentação, os conflitos podem ser dirimidos segundo as regras da mediação entre particulares, evidentemente com a adaptação necessária em razão das peculiaridades decorrentes da presença de órgãos e entes públicos.

2. Mediação coletiva

Com ou sem provocação, os órgãos da advocacia pública dos três níveis de governo podem instaurar mediação coletiva para composição de conflitos que envolvam a prestação de serviços públicos.

A competência para o ato de instauração depende da previsão legal que, inexistente, faz com que seja reservada à chefia máxima do respectivo órgão.

Art. 34 – A **instauração de procedimento administrativo** para a resolução consensual de conflito no âmbito da administração pública **suspende a prescrição.**

§ 1º Considera-se **instaurado o procedimento** quando o órgão ou entidade pública emitir **juízo de admissibilidade, retroagindo a suspensão da prescrição à data de formalização** do pedido de resolução consensual do conflito.

§ 2º Em se tratando de **matéria tributária, a suspensão** da prescrição **deverá observar o disposto na Lei** nº 5.172, de 25 de outubro de 1966 – Código Tributário Nacional.

Instauração do procedimento

Formulado o pedido de resolução administrativa do conflito e emitido juízo positivo pela autoridade competente acerca de sua admissibilidade, considera-se instaurado o procedimento e suspende-se o transcurso do prazo prescricional

Em se tratando de matéria tributária, a suspensão da prescrição há de observar a legislação especial.

Seção II

Dos Conflitos Envolvendo a Administração Pública Federal Direta, suas Autarquias e Fundações

Art. 35 – As **controvérsias jurídicas** que envolvam a administração pública federal direta, suas autarquias e fundações poderão ser objeto de **transação por adesão**, com fundamento em:

I – **autorização** do Advogado-Geral da União, com base na **jurisprudência pacífica** do Supremo Tribunal Federal ou de tribunais superiores; ou

II – **parecer** do Advogado-Geral da União, **aprovado pelo Presidente** da República.

§ 1º Os **requisitos e as condições** da transação por adesão serão definidos em **resolução administrativa própria**.

§ 2º Ao fazer o **pedido de adesão**, o interessado deverá juntar **prova de atendimento** aos requisitos e às condições estabelecidos na resolução administrativa.

§ 3º A **resolução administrativa terá efeitos gerais** e será aplicada aos casos idênticos, tempestivamente habilitados mediante pedido de adesão, ainda que solucione apenas parte da controvérsia.

§ 4º A **adesão implicará renúncia** do interessado ao direito sobre o qual se fundamenta a ação ou o recurso, eventualmente pendentes, de natureza administrativa ou judicial, no que tange aos pontos compreendidos pelo objeto da resolução administrativa.

§ 5º Se o interessado for parte em **processo judicial** inaugurado por **ação coletiva**, a **renúncia** ao direito sobre o qual se fundamenta a ação deverá ser **expressa**, mediante petição **dirigida ao juiz** da causa.

§ 6º A formalização de resolução administrativa destinada à transação por adesão **não implica a renúncia tácita à prescrição nem sua interrupção ou suspensão**.

Transação por adesão

No âmbito federal, a autocomposição administrativa é admitida para a resolução de controvérsias jurídicas e se dá através de transação por adesão que tem fundamento em: autorização da chefia da advocacia pública federal baseada em jurisprudência pacífica da corte suprema ou dos tribunais superiores; ou, então, em parecer da mesma chefia aprovado pela chefia do poder executivo federal.

Os requisitos e condições a serem atendidos e comprovados pelo interessado quando da formulação do pedido de adesão devem ser previstos em regulamento da chefia da advocacia pública.

A solução dada ao conflito tem efeitos gerais, aplicando-se a todos os que tenham aderido no prazo adequado e sejam idênticos, mesmo que parcialmente, ao que serviu de parâmetro.

A adesão implica renúncia ao direito tutelado por ação ou recurso, administrativo ou judicial, que estejam pendentes ao tempo e nos limites da decisão tomada no procedimento de resolução administrativa.

Em se tratando de ação coletiva, o interessado deverá peticionar diretamente ao juízo da causa com a manifestação de sua renúncia.

A formalização da resolução administrativa de transação por adesão não importa em renúncia, interrupção ou suspensão do prazo prescricional.

Art. 36 – No caso de conflitos que envolvam **controvérsia jurídica entre órgãos ou entidades de direito público que integram a administração pública federal**, a Advocacia-Geral da União **deverá realizar composição extrajudicial** do conflito, observados os procedimentos previstos em ato do Advogado-Geral da União.

§ 1º Na hipótese do caput, se **não houver acordo** quanto à controvérsia jurídica, caberá ao Advogado-Geral da União dirimi-la, com fundamento na legislação afeta.

§ 2º Nos casos em que a resolução da controvérsia implicar o **reconhecimento da existência de créditos** da União, de suas autarquias e fundações em face de pessoas jurídicas de direito público federais, a Advocacia-Geral da União **poderá solicitar** ao Ministério do Planejamento, Orçamento e Gestão a adequação orçamentária para **quitação das dívidas** reconhecidas como legítimas.

§ 3º A composição extrajudicial do conflito **não afasta a apuração de responsabilidade do agente** público que deu causa à dívida, sempre que se verificar que sua ação ou omissão constitui, em tese, infração disciplinar.

§ 4º Nas hipóteses em que a matéria objeto do litígio esteja sendo discutida em ação de **improbidade administrativa** ou sobre ela **haja decisão** do Tribunal de Contas da União, a conciliação de que trata o caput **dependerá da anuência expressa** do juiz da causa ou do Ministro Relator.

Composição extrajudicial

As controvérsias jurídicas entre órgãos e entes integrantes da administração pública federal direta, autárquica e fundacional deverão ser solucionadas por meio de composição extrajudicial promovida pela chefia da administração pública federal.

Trata-se de dever legal que, no entanto, pode ser desempenhado por auxiliares a quem delegar a função em ato próprio, embora não necessariamente específico.

Ausente acordo, segue-se a aplicação da lei ao caso.

A vinculação dos litigantes à decisão, inobstante a presença do regime de hierarquia ou de controle, deriva da lei de mediação e não de simples presunção.

Caso sejam reconhecidos créditos, deve-se promover adequação orçamentária para sua quitação.

Em nada isso afeta a responsabilidade do agente causador do eventual dano que deve ser apurado para que verifique a caracterização de infração disciplinar. Havendo processo judicial em curso por ato de improbidade administrativa ou decisão já proferida em processo de contas, a anuência do juiz da causa ou do relator do processo é exigível.

Art. 37 – É **facultado** aos Estados, ao Distrito Federal e aos Municípios, suas autarquias e fundações públicas, bem como às empresas públicas e sociedades de economia mista federais, **submeter seus litígios** com órgãos ou entidades da administração pública federal à Advocacia-Geral da União, para fins de composição extrajudicial do conflito.

1. Permissão legal

O acesso à composição extrajudicial de litígios promovida pela advocacia pública federal é permitido aos órgãos e entes integrantes das administrações públicas diretas e indiretas dos demais entes federativos, assim como para as empresas estatais federais.

A lei, nesse caso, tem dupla função. Constitui dever para o órgão federal e faculdade para os entes federativos e empresas estatais, porque lei alguma pode regrar como entes exercem suas competências constitucionais.

Já as estatais federais, embora não possuam competências constitucionais, têm, como sujeitos privados, graus de autonomia para o exercício de direitos próprios; e podem, inclusive, por força da lei, submeter seus litígios até mesmo à arbitragem privada.

Quem pode o mais, evidentemente, pode o menos.

Ressalte-se que as estatais que atuem sob regime concorrencial não podem fazer uso desta faculdade porque não extensível aos demais agentes privados.

1.1. Dever de fomentar a solução consensual de litígios

Incumbe ao poder público fomentar a solução consensual de litígios (STF. ACO 2.224).

Art. 38 – Nos casos em que a controvérsia jurídica seja **relativa a tributos administrados** pela Secretaria da Receita Federal do Brasil ou a **créditos inscritos em dívida ativa** da União:

I – **não se aplicam** as disposições dos incisos II e III do caput do art. 32;

II – as empresas públicas, sociedades de economia mista e suas subsidiárias que explorem atividade econômica de produção ou comercialização de bens ou de prestação de serviços em regime de concorrência **não poderão exercer a faculdade** prevista no art. 37;

III – quando forem partes as **pessoas a que alude o caput do art. 36**:

a) a submissão do conflito à composição extrajudicial pela Advocacia-Geral da União implica **renúncia do direito de recorrer** ao Conselho Administrativo de Recursos Fiscais;

b) a redução ou o cancelamento do crédito **dependerá de manifestação conjunta** do Advogado-Geral da União e do Ministro de Estado da Fazenda.

Parágrafo único. O disposto neste artigo **não afasta a competência** do Advogado-Geral da União prevista nos incisos VI, X e XI do art. 4º da Lei Complementar nº 73, de 10 de fevereiro de 1993, e na Lei nº 9.469, de 10 de julho de 1997.

Controvérsias sobre tributos e créditos federais

O dispositivo é autoexplicativo.

Havendo controvérsia jurídica acerca de tributos federais, ainda que não inscritos me dívida ativa, ou créditos inscritos em dívida ativa federal, ainda não que não tributários, não se aplicam os incisos II e III do artigo 32, isto é, tal controvérsia não pode envolver particulares e não se admite celebração de termo de ajustamento de conduta, limitando-se, portanto, a dirimir controvérsias entre órgãos e entes integrantes da administração pública.

De outra parte, a faculdade prevista no artigo 37 não se estende às empresas estatais exploradoras de atividade econômica ou prestadoras de serviço público sob regime de concorrência, porque, evidentemente, seu regime há de ser idêntico ao das demais concorrentes por expressa determinação constitucional.

Por fim, quando as pessoas previstas na cabeça do artigo 36, isto é, pessoas jurídicas de direito integrantes da administração pública federal, a submissão do conflito à via extrajudicial aqui prevista dependerá de renúncia ao recurso administrativo tributário e eventual redução ou cancelamento dependerão de ato conjunto da chefia da advocacia pública federal e da autoridade ministerial sob a qual se encontre a gestão tributária, preservando-se, de qualquer modo, a competência do primeiro fixada na legislação de regência.

Art. 39 – A **propositura de ação judicial** em que figurem concomitantemente nos polos ativo e passivo órgãos ou entidades de direito público **que integrem a administração** pública federal deverá ser **previamente autorizada** pelo Advogado-Geral da União.

Autorização para demandar em juízo

A judicialização de demanda entre integrantes da administração pública federal direta, autárquica e fundacional depende de autorização prévia do chefe da advocacia pública federal.

A autorização é condição da procedibilidade e sua ausência pode importar em responsabilização disciplinar.

Inexiste independência funcional dos integrantes da advocacia e a disposição milita em favor dos princípios da unidade e consensualidade na ação administrativa.

Art. 40 – Os servidores e empregados públicos que participarem do processo de composição extrajudicial do conflito, **somente poderão ser responsabilizados** civil, administrativa ou criminalmente quando, mediante dolo ou fraude, receberem qualquer vantagem patrimonial indevida, permitirem ou facilitarem sua recepção por terceiro, ou para tal concorrerem.

Responsabilização funcional especial

Além das hipóteses de responsabilização genérica aplicável a todos os agentes públicos, há a hipótese de responsabilização daqueles que atuem nos processos de composição extrajudicial.

A responsabilização nesses casos exige a comprovação de atuação intencional, com ou sem a participação de terceiros, para receberem vantagem indevida que se expresse em termos econômicos ou para permitirem, facilitarem ou concorrerem para que terceiro a receba.

Capítulo III
Disposições Finais

Art. 41 – A Escola Nacional de Mediação e Conciliação, no âmbito do Ministério da Justiça, poderá criar **banco de dados sobre boas práticas em mediação**, bem como manter **relação de mediadores e de instituições de mediação**.

Repositório de informações

O artigo é autoexplicativo.

Simplesmente autoriza que órgão de ensino do sistema nacional de mediação e conciliação crie repositório de informações sobre boas práticas em mediação e sobre mediadores e instituições de mediação existentes no país.

A rigor, não é norma permissiva, mas encerra verdadeiro dever em vista da importância da missão.

Ademais, poderes administrativos sempre são apenas instrumentais para o cumprimento de deveres administrativos, traduzindo-se, em verdade, em deveres-poderes.

Art. 42 – Aplica-se esta Lei, no que couber, às **outras formas consensuais de resolução de conflitos**, tais como mediações comunitárias e escolares, e àquelas levadas a efeito nas serventias extrajudiciais, desde que no âmbito de suas competências.

Parágrafo único. A mediação nas **relações de trabalho** será regulada por lei própria.

1. Aplicação subsidiária da lei

A aplicação da lei de mediação a outras formas consensuais de resolução de conflitos é admitida em caráter subsidiário e na medida em que for com elas compatível.

O dispositivo usa de exemplos que, na verdade, acabam por dar a impressão de que sua restrição a formas peculiares de mediação quando, na verdade, há diversas outras formas de solução consensual que com ela não se confundem.

De toda sorte, os exemplos são importantes como estímulo à adoção da mediação em âmbitos diversos e que podem tornar a cultura da paz como regra nas relações entre cidadãos das mais diversas idades e classes.

2. Serventias extrajudiciais

Especial atenção o desempenho de atividades de mediação e de conciliação no âmbito dos serviços notariais e registrais, nas serventias extrajudiciais, vulgarmente denominados como cartórios.

Nesse caso, após longa divergência, fixou-se entendimento de que notários e registradores têm a faculdade de prestar serviços de mediação e conciliação mediante contraprestação pecuniária, desde que nos limites de suas competências materiais e circunscrições territoriais.

A contraprestação devida deve estar fixada em tabela e, enquanto não estiver, corresponderá aos emolumentos mínimos devidos por ato sem valor econômico.

3. Mediação laboral

A mediação laboral, segundo o dispositivo, será regida por lei especial, muito embora, por sua própria natureza, a mediação independa de lei que a autorize se capazes as partes e transigíveis os direitos, ainda que indisponíveis.

Art. 43 – Os órgãos e entidades da administração pública **poderão criar câmaras para a resolução de conflitos entre particulares**, que versem sobre atividades por eles reguladas ou supervisionadas.

Resolução pública de litígios privados

Em consonância com o estímulo de soluções extrajudiciais e, especialmente consensuais, o dispositivo autoriza a criação de órgãos públicos nos diversos níveis de governo voltados à resolução de litígios entre particulares desde que a controvérsia seja em razão de atividades reguladas ou supervisionadas por aquele ente público.

Art. 44 – Os arts. 1º e 2º da Lei nº 9.469, de 10 de julho de 1997, passam a vigorar com a seguinte redação:

"Art. 1º O Advogado-Geral da União, diretamente ou mediante delegação, e os dirigentes máximos das empresas públicas federais, em conjunto com o dirigente estatutário da área afeta ao assunto, poderão autorizar a realização de acordos ou transações para prevenir ou terminar litígios, inclusive os judiciais.

§ 1º Poderão ser criadas câmaras especializadas, compostas por servidores públicos ou empregados públicos efetivos, com o objetivo de analisar e formular propostas de acordos ou transações.

§ 3º Regulamento disporá sobre a forma de composição das câmaras de que trata o § 1º, que deverão ter como integrante pelo menos um membro efetivo da Advocacia-Geral da União ou, no caso das empresas públicas, um assistente jurídico ou ocupante de função equivalente.

§ 4º Quando o litígio envolver valores superiores aos fixados em regulamento, o acordo ou a transação, sob pena de nulidade, dependerá de prévia e expressa autorização do Advogado-Geral da União e do Ministro de Estado a cuja área de competência estiver afeto o assunto, ou ainda do Presidente da Câmara dos Deputados, do Senado Federal, do Tribunal de Contas da União, de Tribunal ou Conselho, ou do Procurador-Geral da República, no caso de interesse dos órgãos dos Poderes Legislativo e Judiciário ou do Ministério Público da União, excluídas as empresas públicas federais não dependentes, que necessitarão apenas de prévia e expressa autorização dos dirigentes de que trata o caput.

§ 5º Na transação ou acordo celebrado diretamente pela parte ou por intermédio de procurador para extinguir ou encerrar processo judicial, inclusive os casos de extensão administrativa de pagamentos postulados em juízo, as partes poderão definir a responsabilidade de cada uma pelo pagamento dos honorários dos respectivos advogados." (NR)

"Art. 2º O Procurador-Geral da União, o Procurador-Geral Federal, o Procurador-Geral do Banco Central do Brasil e os dirigentes das empresas públicas federais mencionadas no caput do art. 1º poderão autorizar, diretamente ou mediante delegação, a realização de acordos para prevenir ou terminar, judicial ou extrajudicialmente, litígio que envolver valores inferiores aos fixados em regulamento.

§ 1º No caso das empresas públicas federais, a delegação é restrita a órgão colegiado formalmente constituído, composto por pelo menos um dirigente estatutário.

§ 2º O acordo de que trata o caput poderá consistir no pagamento do débito em parcelas mensais e sucessivas, até o limite máximo de sessenta.

§ 3º O valor de cada prestação mensal, por ocasião do pagamento, será acrescido de juros equivalentes à taxa referencial do Sistema Especial de Liquidação e de Custódia – SELIC para títulos federais, acumulada mensalmente, calculados a partir do mês subsequente ao da consolidação até o mês anterior ao do pagamento e de um por cento relativamente ao mês em que o pagamento estiver sendo efetuado.

§ 4º Inadimplida qualquer parcela, após trinta dias, instaurar-se-á o processo de execução ou nele prosseguir-se-á, pelo saldo."

Estímulo a soluções consensuais

Em sintonia com o dever estatal de estimular as partes à busca de soluções consensuais para os litígios, a norma vem com a finalidade de adaptar o quadro de competências e atribuições da advocacia pública federal para o adequado desempenho da tarefa da autocomposição de litígios em que presente a administração federal que, em suas linhas básicas, é regulada na presente lei.

A análise de cada disposição escapa ao escopo desta obra.

Todavia, fundamental que se tenha claro que o agente público, diversamente do sujeito privado, só pode fazer ou deixar de fazer aquilo que lei permita ou proibida.

A autocomposição, assim, há de se guiar pela busca de satisfação do interesse público, entendido a partir da formulação legal e não da vontade pessoal de quem quer que seja.

Art. 45 – O Decreto nº 70.235, de 6 de março de 1972, passa a vigorar acrescido do seguinte art. 14-A:

"Art. 14-A. No caso de determinação e exigência de créditos tributários da União cujo sujeito passivo seja órgão ou entidade de direito público da administração pública federal, a submissão do litígio à composição extrajudicial pela Advocacia-Geral da União é considerada reclamação, para fins do disposto no inciso III do art. 151 da Lei nº 5.172, de 25 de outubro de 1966 – Código Tributário Nacional."

Reclamação tributária

O dispositivo é autoexplicativo e, em consonância com o anterior, pretende dar operacionalidade à autocomposição realizada pela advocacia pública federal em matéria tributária.

Por força do dispositivo, a submissão à composição extrajudicial perante a advocacia pública federal deve ser considerada como reclamação administrativa e, assim, coerentemente, suspende, até seu final processamento, a exigibilidade do crédito tributário.

Art. 46 – A mediação poderá ser feita pela internet ou por outro **meio de comunicação que permita a transação à distância**, desde que as partes estejam de acordo.

Parágrafo único. É **facultado à parte domiciliada no exterior** submeter-se à mediação segundo as regras estabelecidas nesta Lei.

Transação à distância

A lei de mediação aplica-se aos litígios entre presentes e entre ausentes.

A distinção entre ambas as situações antes se justificava porque havia uma variação essencial posto que as tratativas se pautavam em uma pelo sincronismo e, na outra, pelo assincronismo.

As novas tecnologias, todavia, tornam a ausência física algo superável pela presença comunicativa.

Estando de acordo, poderão as partes comporem seus litígios através de meios diversos que as aproximem, ainda que estejam em territórios diversos, inclusive situados, definitiva ou temporariamente, no exterior.

Art. 47 – Esta Lei entra em vigor após decorridos **cento e oitenta dias** de sua publicação oficial.

Cláusula de vigência

A vigência da lei nova, com todas suas implicações, só se pode esperar ao final do prazo expressamente fixado pelo legislador, sem quaisquer variações em razão do território em que se aplique ou que se admita a aplicação da lei.

As mesmas considerações sobre a lei de arbitragem servem para justificar a incidência imediata aos contratos anteriores que possuam cláusulas de mediação, visto tratar-se de norma processual em sentido amplo.

Art. 48 – **Revoga-se** o § 2º do art. 6º da Lei nº 9.469, de 10 de julho de 1997.

Brasília, 26 de junho de 2015; 194º da Independência e 127º da República.

DILMA ROUSSEFF

José Eduardo Cardozo

Joaquim Vieira Ferreira Levy

Nelson Barbosa

Luís Inácio Lucena Adams

Cláusula de revogação expressa

Com a revogação expressa do referido dispositivo legal, o acordo ou a transação celebrada diretamente pela parte ou por intermédio de procurador para extinguir ou encerrar processo judicial, inclusive nos casos de extensão administrativa de pagamentos postulados em juízo, não implicará sempre a responsabilidade de cada uma das partes pelo pagamento dos honorários de seus respectivos advogados, mesmo que tenham sido objeto de condenação transitada em julgado.

Recomendações de leitura

Ao longo deste livro, evitei citações bibliográficas.

A intenção foi a de facilitar a leitura e dar segurança ao leitor acerca das posições que sejam pacíficas ou, ao menos, prevalecentes.

Isso não quer dizer que esta obra seja o final dos seus estudos.

De modo algum!

Assim, sugiro que, caso tenha interesse pela área, busque aprofundar suas pesquisas por meio dos trabalhos a seguir relacionados.

BAPTISTA, Luiz Olavo e MAZZUOLI, Valério de Oliveira (organizadores). Direito internacional. Doutrinas essenciais. Volume IV: Direito internacional privado – teoria e prática. Capítulo 4: Temas de direito internacional privado. São Paulo: Editora Revista dos Tribunais, 2012.

BAPTISTA, Luiz Olavo e MAZZUOLI, Valério de Oliveira (organizadores). Direito internacional. Doutrinas essenciais. Volume V: Direito do comércio internacional. Capítulo 3: Arbitragem internacional. São Paulo: Editora Revista dos Tribunais, 2012.

BENEDUZI, Renato. Comentários ao Código de Processo Civil (arts. 70 ao 187). São Paulo: Thomson Reuters Brasil, 2018 (Coleção comentários ao Código de Processo Civil, volume II).

CAHALI, Francisco José. Curso de arbitragem, mediação, conciliação, resolução CNJ 125/2010. São Paulo: Editora Revista dos Tribunais, 2017.

COSTA, Nilton Cesar Antunes da. Efeitos processuais da convenção de arbitragem. Campinas: Servanda Editora, 2006.

CRUZ E TUCCI, José Rogério. Comentários ao Código de Processo Civil (arts. 485 ao 538). São Paulo: Thomson Reuters Brasil, 2018 (Coleção comentários ao Código de Processo Civil, volume VIII).

CUNHA, Leonardo Carneiro da. Comentários ao Código de Processo Civil (arts. 188 a 293). São Paulo: Thomson Reuters Brasil, 2018 (Coleção comentários ao Código de Processo Civil volume III).

DOLINGER, Jacob e TIBURCIO, Carmen. Direito internacional privado. Partes III e V. Rio de Janeiro: Forense, 2017.

GASPAR, Renata Alvares. Reconhecimento de sentenças arbitrais estrangeiras no Brasil. São Paulo: Atlas, 2009.

GUERRERO, Luis Fernando. Convenção de arbitragem e processo arbitral. São Paulo: Atlas, 2014.

LEVY, Fernanda Rocha Lourenço. Cláusulas escalonadas: a mediação comercial no contexto da arbitragem. São Paulo: Saraiva, 2013.

MARINONI, Luiz Guilherme e ARENHART, Sérgio Cruz. Comentários ao Código de Processo Civil (arts. 294 ao 333). São Paulo: Thomson Reuters Brasil, 2018 (Coleção comentários ao Código de Processo Civil volume IV).

MARINONI, Luiz Guilherme e MITIDIERO, Daniel. Comentários ao Código de Processo Civil (arts. 1º ao 69). São Paulo: Thomson Reuters Brasil, 2018 (Coleção comentários ao Código de Processo Civil volume I).

MARINONI, Luiz Guilherme e MITIDIERO, Daniel. Comentários ao Código de Processo Civil (arts. 926 ao 975). São Paulo: Thomson Reuters Brasil, 2018 (Coleção comentários ao Código de Processo Civil volume XV).

MARINONI, Luiz Guilherme e MITIDIERO, Daniel. Comentários ao Código de Processo Civil (arts. 976 ao 1.044). São Paulo: Thomson Reuters Brasil, 2018 (Coleção comentários ao Código de Processo Civil volume XVI).

MASSALI, Wilson Euclides Guazzi. Princípio da litigiosidade minima: tutela coletiva, transacional e arbitragem. Curitiba: Appris, 2015.

MUNIZ, Joaquim de Paiva. Curso básico de direito arbitral: teoria e prática. Curitiba: Juruá Editora, 2017.

TURA, Marco Antônio Ribeiro Tura e SILVA, Emílio Mendonça Dias da. Arbitragem de investimentos estrangeiros. In: MUNIZ, Joaquim de Paiva, BONIZZI et. al. (coordenadores). Arbitragem e administração pública: temas polêmicos. Ribeirão Preto: Migalhas, 2018.

WALD, Arnoldo (organizador). Arbitragem e mediação. Doutrinas essenciais. Volume 1: A arbitragem. Introdução e histórico. São Paulo: Editora Revista dos Tribunais, 2014.

WALD, Arnoldo (organizador). Arbitragem e mediação. Doutrinas essenciais. Volume 2: Elementos da arbitragem e medidas de urgência. São Paulo: Editora Revista dos Tribunais, 2014.

WALD, Arnoldo (organizador). Arbitragem e mediação. Doutrinas essenciais. Volume 3: Processo arbitral. São Paulo: Editora Revista dos Tribunais, 2014.

WALD, Arnoldo (organizador). Arbitragem e mediação. Doutrinas essenciais. Volume 4: Aplicação da arbitragem. São Paulo: Editora Revista dos Tribunais, 2014.

WALD, Arnoldo (organizador). Arbitragem e mediação. Doutrinas essenciais. Volume 5: Arbitragem internacional. São Paulo: Editora Revista dos Tribunais, 2014.

WALD, Arnoldo (organizador). Arbitragem e mediação. Doutrinas essenciais. Volume 6: Mediação e outros institutos. São Paulo: Editora Revista dos Tribunais, 2014.

YARSHELL, Flávio Luiz, PEREIRA, Guilherme Setoguti J. e RODRIGUES, Viviane Siqueira. Comentários ao Código de Processo Civil (arts. 334 ao 368). São Paulo: Thomson Reuters Brasil, 2018 (Coleção comentários ao Código de Processo Civil volume V).

EDITORA
JusPODIVM
www.editorajuspodivm.com.br